Ludger Fischer
Hans-Ulrich Kreß (Fotos)

Die schönsten Schlösser und Burgen am

Niederrhein

Wartberg Verlag

Der Autor

Dr. Ludger Fischer, geboren 1957 in Essen-Werden, lebt in Brüssel. Er ist Kunst- und Bauhistoriker und beschäftigt sich seit über einem Jahrzehnt mit der Baugeschichte von Burgen und Schlössern speziell im Rheinland. Als Architekturkritiker verfolgt er das aktuelle Baugeschehen in Belgien und den Niederlanden.

Impressum

Fotonachweis:
Aktuelle Fotos: Hans-Ulrich Kreß, außer S. 39 und 51 Mitte (L. Fischer)
Historische Abbildungen: Archiv des Autors
Wir danken dem Europäischen Burgeninstitut in Braubach für die freundliche Unterstützung.

1. Auflage 2004

Druck: Bernecker, Melsungen
Buchbinderische Verarbeitung: Büge, Celle

34281 Gudensberg-Gleichen, Im Wiesental 1
Tel.: 0 56 03/9 30 50 • www.wartberg-verlag.de
ISBN 3-8313-1326-1

Inhaltsverzeichnis

Vorwort

Am Niederrhein sind Kunst und Kultur zu Hause. Der Begriff „Kunstlandschaft“ könnte aber dazu verleiten, den Einfluss der Landschaft auf die Bauten, die in ihr entstanden, stärker zu bewerten, als es tatsächlich notwendig ist. Außer, dass es zwangsläufig wenig Höhenburgen gibt, hat die Landschaft auch hier weniger zur Entwicklung von Bauformen beigetragen, als Auftraggeber und reisende Baumeister.

Burgen, Schlösser und Herrenhäuser liegen am Niederrhein häufig versteckt in Wald- und Sumpflandschaften. Andere wieder, die ehemals abgelegen oder wenigstens am Rand größerer Städte erbaut wurden, sind heute so eng von der neueren Bebauung umstanden, dass auch sie leicht übersehen werden. Zwischen den meisten Burgen und Schlössern am Niederrhein ist ein imaginäres Netz gesponnen. Es besteht aus ursprünglichen Lehen, Besitzern, Adelsfamilien und Baumeistern. Dieses Netz verbindet fast alle Orte und Bauten miteinander.

Bei den meisten Burgen am Niederrhein handelt es sich naturgemäß um Wasserburgen, aber auch Höhenburgen sind am Niederrhein, so seltsam es auch klingt, anzutreffen. Unter 500 Wasserburgen fallen die ehemals 6 Höhenburgen allerdings kaum ins Gewicht. Die frühesten Wasserburgen wurden um 900 errichtet. Sie gingen aus wenig zuvor errichteten Motten hervor, leichte Aufschüttungen, die mit Palisaden befestigt und von einem Wassergraben umgeben waren.

Ab dem 10. Jahrhundert bauten Adelige, denen das königliche Privileg des Burgenbaus zugestanden wurde, auch hier an hervorragenden Orten feste Häuser, um ihren Führungsanspruch gegenüber der übrigen Bevölkerung auch baulich zu dokumentieren. Vom 11. Jahrhundert an nannten sie sich dann meist nach diesen Burgen. Neben den späteren Grafschaften und Herzogtümern Berg, Jülich, Kleve, Moers und Geldern gab es im Hochmittelalter am Niederrhein auch kleinere unabhängige Herrschaften, wie Wickrath, Myllendonk und Dyck, vor allem aber das bis zur Schlacht von Worringen 1288 mächtige Erzbistum Köln, das seinerseits mehrere Landesburgen errichtete. Die meisten der Burgen wurden weit seltener umkämpft, als es eine romantische Vorstellung nahe legte. Ihre Funktion als Herrschaftssymbole übten sie durch schlichtes Dasein aus. Wehrelemente, wie Zinnen und Erker, sind in diesem Sinne vorwiegend als Machtsymbole zu verstehen. Bauliche Veränderungen wurden gelegentlich nach Teilzerstörungen, weit häufiger aber aus praktischen Erwägungen vorgenommen oder um den Anlagen eine zeitgemäße und damit prestigeerhaltende Form zu geben. Im 16. und 17. Jahrhundert war damit häufig ein Umbau zum Schloss verbunden, im 19. Jahrhundert dagegen der Rückbau zu einer Burg, die besonders mittelalterlich wirken und damit eine lange Adelstradition suggerieren sollte. Den Verlust seiner gesellschaftlich privilegierten Stellung konnte der Adel damit aber nicht aufhalten.

Als herausragende Bauten der Geschichte, der Kultur und der Siedlungsformen sind alle Burgen und Schlösser Baudenkmale. Die meisten dieser Denkmale am Niederrhein sind öffentlich zugänglich, werden heute als Museen, von anderen öffentlichen Einrichtungen oder als Restaurant bzw. Hotel genutzt. Es gibt nur wenige Burgen und Herrenhäuser, die weiterhin rein privat bewohnt werden und deren Besichtigung nur von außen oder überhaupt nicht möglich ist. Gerade in diesen Fällen schließen die Darstellungen in diesem Band Lücken im feinen Netz ehemaliger Adelssitze am Niederrhein.

Ludger Fischer

Hochzeitserinnerungen

Fürst Leopold zu Salm-Salm hatte wohl eine angenehme Hochzeitsreise. Zurück aus den Flitterwochen, die er am Vierwaldstätter See verbracht hatte, fasste er 1893 den Plan zur Umwandlung eines Teils des Schlossparks in ein Stückchen Schweiz – inklusive Felsenlandschaft und Chalet. Der von 1895 bis 1902 angelegte Leopoldspark wird auch die „Anholter Schweiz“ genannt.

Burg Anholt in Isselburg-Anholt

Anholt liegt an der deutsch-niederländischen Grenze am westlichen Rand des Kreises Borken. Auf zwei verschiedenen Inseln befinden sich die Gebäude der Oberburg und der Unterburg. Sie sind umgeben von mehreren Garteninseln. Der ehemals frei stehende runde Bergfried – der „Dicke Turm“ – ist deutlich als Bauteil eines Vorgängerbaus zu erkennen. Der bis zum Dachansatz 26,6 Meter hohe Turm hatte seinen Eingang ursprünglich in 6,9 Meter Höhe über dem Innenhof. Seit dem 16. Jahrhundert wird der wahrscheinlich 1169 gebaute Turm von einem zweigeschossigen Bau umklammert. Der Turm erhielt bei dieser Erweiterung einen spitzen Helm. Architekten der um 1700 erfolgten barocken Umgestaltung waren Blasius Andreas Terlinden und Tommasso Tommassini (Thomas Thomas) aus Mailand. Nach Entwürfen Terlindens wurde das äußere Portal des Glockenturms gebaut. Die am Glockenturm angebrachten Wappensteine, außen Kaiser Karls V. (1540), innen Herzog Karls von Geldern (1512), erinnern an die achtundzwanzigjährige Besetzung der Burg durch geldernsche Truppen. Der Bau erhielt dabei einheitliche große Fenster und ein über die ehemaligen Wehrgänge reichendes Schieferdach. Der barocke Putz mit eingeritzten Steinquadern wurde erst bei einer Restaurierung in den Jahren 1949 bis 1966 entfernt. Von 1697 bis 1703 wurde auch die Vorburg nach einem Entwurf von Tommasso Tommassini und Andreas Terlinden umgestaltet.

Burg Anholt

Die im 16. und 17. Jahrhundert nach französischem Vorbild ornamental gestalte-

Glockenturm mit einem Portal nach dem Entwurf von Blasius Andreas Terlinden, um 1700

ten Gärten wurden im 19. Jahrhundert durch den Düsseldorfer Gartenarchitekten Maximilian Friedrich Weyhe in einen englischen Landschaftspark umgestaltet. Die Wasseranlagen überarbeitete dann nochmals der englische Gartenbaumeister Edward Milner. Heute findet man darin einen Wassergarten, einen Irrgarten und eine Wildblumenwiese. Von April bis September ergeben sich für Besucher durch unterschiedliche Blühzeiten der Gewächse ständig neue Eindrücke. Reiche Bestände an unterschiedlichsten Gewächsen sind in den symmetrisch angelegten Garten- und Parkanlagen zu besichtigen, die sich bis heute in ihren historischen Ausmaßen von 34 Hektar erhalten haben.

Besitz der Fürsten zu Salm und zu Salm-Salm

Die Burg wurde erstmals im Jahre 1313 erwähnt. Im Mittelalter befand sie sich im Besitz der Familien von Sulen und von Gemen, dann der Familie von Bronckhorst-Batenburg. Den Fürsten zu Salm gehörte sie seit 1647. Infolge der Französischen Revolution und der Eroberungskriege Napoelons I. verloren die Fürsten zu Salm-Salm 1793 ihr souveränes Fürstentum Salm, nach dem Frieden von Lunéville 1801 auch ihre reichsunmittelbaren Territorien. Im Reichsdeputationshauptschluss wurden ihnen dafür die säkularisierten Ämter Ahaus und Bocholt zugewiesen. Auf dem Wiener Kongress wurde 1815 die Reichsunmittelbarkeit des Fürstentums Salm endgültig aufgehoben und die Herrlichkeit Anholt aufgelöst. Beide fielen an den preußischen Staat. Burg Anholt blieb trotzdem Wohnsitz der Familie Salm-Salm. Nach schweren Kriegszerstörungen (etwa 70%) konnte die Burg 1966 bis 1988 wiederhergestellt und als Museum eingerichtet werden. In der Hauptburg sind seitdem das noch vorhandene, teilweise beschädigte Inventar und die Kunstsammlungen der Fürsten zu Salm der Öffentlichkeit zugänglich. Heutiger Besitzer ist der 1933 geborene Carl Philipp Fürst zu Salm und zu Salm-Salm, Wild- und Reingraf.

Museum Wasserburg Anholt

Die Burg Anholt und die umliegenden Parkanlagen sind der Öffentlichkeit zugänglich. Neben einer bedeutenden Gemäldesammlung mit Werken von Rembrandt, Brueghel und ter Borch sind Zeugnisse herrschaftlicher Wohnkultur mit Möbeln aus der Renaissance- und Barockzeit und die Bibliothek zu besichtigen. Die Büchersammlung der Grafen von Bronckhorst-Batenburg und der Fürsten zu Salm-Salm umfasst 7000 Bände mit theologischen, juristischen, medizinischen und geschichtlichen Werken. Die umfangreiche Porzellansammlung enthält chinesisches, japanisches, holländisches und deutsches Porzellan aus dem 17. und 18. Jahrhundert. Außerdem befindet sich im Museum Wasserburg Anholt der künstlerische Nachlass des Zeichners und Malers Franz Johann Heinrich Nadorp, der 1794 in Anholt geboren wurde und 1876 in Rom starb. Nadorp war Mitglied der deutschen Malergruppe der „Nazarener" und wurde durch die Fürsten Salm-Salm während seiner gesamten künstlerischen Laufbahn gefördert.

Wasserburg Anholt von Franz Johann Heinrich Nadorp

Informationen

Fürstlich Salm-Salm'sche Verwaltung, Museum Wasserburg Anholt, Schloss 1, 46419 Isselburg-Anholt

Öffnungszeiten:
April–September: Di–So 11–17 Uhr
Oktober–März: Sa–So 11–17 Uhr

Anfahrt: mit dem Auto auf der A 3 bis Ausfahrt Rees und auf der B 67 Richtung Rees fahren, dann Richtung Millingen, Vehlingen, Anholt. Mit der Bahn bis Bahnhof Empel–Rees (4 km entfernt)

Mit göttlichem Maß

„Der Architekt“, schrieb der Architekturtheoretiker Leon Battista Alberti (1404–1472), „ist nicht Fabrikant von Kirchen, Häusern oder Bauwerken, sondern Gestalter der Weltordnung. Sie ist konzentrisch am Menschen orientiert, wir nennen sie deshalb symmetrisch. Wenn Du gut bauen willst, musst Du deshalb die drei Hauptdimensionen der Höhe, der Breite und der Länge, mit denen Gott wie die Menschen bauen, stets in ein rationales und anschauliches Verhältnis zueinander setzen.“
Den Ausbau von Schloss Bedburg nach 1588 leitete ein Baumeister, dem diese Theorie in Fleisch und Blut übergegangen war. Möglicherweise war es ein Architekt aus dem Umkreis des Jülicher Festungsbaumeisters Alessandro Pasqualini.

Schloss Bedburg in Bedburg (Erft)

Das Wasserschloss Bedburg liegt in den Niederungen der Erft. Das dreigeschossige Schloss hat einen fast quadratischen Grundriss. Heute ist es nur noch an zwei Seiten von einem Weiher umgeben. Die offene Nordseite des dreiflügeligen Baus ist durch eine Schildmauer mit Wehrgang geschlossen.
Der Bau vereint in harmonischer Weise Teile aus dem 14., 15., 16. und 20. Jahrhundert. Die ältesten erhaltenen Teile sind die beiden Rundtürme im Nordwesten (nach 1291) und die beiden anschließenden Flügel (um 1340). Bedburg war eine der ersten Burgen, die im Rheinland aus Backstein gebaut wurden. Der Südflügel entstand nach 1588 in den Formen der Renaissance. 1600 war der große Bau mit hohen Schmuckgiebeln an der Ostecke der Burg vollendet. Spätestens damit war die Burg zum Schloss geworden. Charakteristisch für den Baustil der Renaissancezeit sind die umlaufenden Gesimse aus Tuffstein, mit denen der Backsteinbau akzentuiert wird. Türme und Häuser erhielten Schweifgiebel. Die älteren Flügel im Westen und Osten wurden entsprechend dem neu gebauten Südflügel umgestaltet und erhielten ebenfalls Kreuzstockfenster. An der 1765 gebauten Südwestfassade, die seitdem Eingangsseite ist, befindet sich das Allianzwappen der Familien Salm-Reifferscheid und Waldburg-Truchseß.
In der Zeit seiner Nutzung als „Ritterakademie“ entstand 1847 bis 1853 ein vier-

Ein typischer niederrheinischer Renaissancebau: Backstein mit Simsen aus Tuff

Arkadenhof aus dem 16. Jahrhundert mit den Keramik-Füllungen von Franz Albermann, 1926

Verlängerungsbau und Kapelle nach einem Entwurf des Kölner Dombaumeisters Vincenz Statz, 1847–1853

geschossiger Verlängerungsbau des Westflügels mit einer neugotischen Kapelle. Zu seinem Bau wurde ein großer Teil der Schildmauer abgerissen. Architekt dieses Flügels war der Kölner Dombaumeister Vincenz Statz.
Einzigartig an diesem Wasserschloss ist der zweigeschossige quadratische Arkadenhof. Die Gewerkschaft Neurath der RAG beauftragte 1924 den Kölner Architekten Willi Felten mit der Umgestaltung dieses Hofs. In den rundbogigen Öffnungen zwischen den leicht schwellenden Säulen wurden bis 1926 in beiden Geschossen Füllungen aus Keramik mit exotischen Jagdmotiven angebracht. Diese Füllungen bilden mit den aus dem 16. Jahrhundert stammenden Säulen im toskanischen Stil eine harmonische Einheit. Im Rahmen dieses Umbaus entstand 1924 auch das neubarocke Torhaus an der Graf-Salm-Straße.

Für und gegen Köln

Als kurkölnisches Lehen wurde eine „Betbure" 893 im „Prümer Urbar", dem Güterverzeichnis der Abtei Prüm genannt. Der Kölner Erzbischof Konrad von Hochstaden eroberte sie 1240, Erzbischof Siegfried von Westerburg nochmals 1278. Die erste Wasserburg an dieser Stelle wurde dabei zerstört. Auf ihren Ruinen ließ Johann II. von Reifferscheid 1291 einen Neubau errichten. Obwohl die Bedburger noch in der Schlacht von Worringen (1288) auf Seiten des Jülicher Grafen gegen den Kölner Erzbischof gekämpft hatten, fühlten sie sich seitdem Kurköln verbunden. Von 1403 bis 1425 gehörte die Burg den Grafen von Limburg, danach bis 1578 den Grafen von Neuenahr, danach fiel sie wiederum an die Familie von Reifferscheid zurück. Nach erneuter Zerstörung im „Truchsessischen Krieg" 1584 gab Werner von Salm-Reifferscheid 1588 den Wiederaufbau in Auftrag. Dabei entstanden der Südosttrakt und das Renaissance-Treppenhaus. Vielfache Besitzerwechsel, jeweils verbunden mit einem Wechsel der Religion, folgten im 16. und 17. Jahrhundert. Nach dem Frieden von Lunéville (1801) wurde das Schloss von Franzosen besetzt und als Veteranenunterkunft genutzt. Unter Leitung des Freiherrn Johann Wilhelm von Mirbach erwarb die 1835 gegründete „Genossenschaft des rheinischen ritterbürtigen Adels" 1839 das Gebäude und richtete darin 1842 eine bis 1922 bestehende Schule mit Internat ein. Anschließend kaufte es das Braunkohlenunternehmen „Gewerkschaft Neurath", 1959 übernommen durch die RAG (Rheinische AG für Braunkohlenbergbau und Brikettfabrikation). Schloss Bedburg befindet sich heute in Privatbesitz, der Stadt Bedburg steht ein Nutzungsrecht für den größten Teil der Räume zu.

Frechener Keramik

Jahrhundertelang war das Frechener Töpferhandwerk berühmt. Im 19. Jahrhundert war es aber so gut wie ausgestorben. Anfang des 20. Jahrhunderts kamen verschiedene Künstler, die Stadt Köln und Toni Ooms, Direktor des Frechener Keramikwerks Kalscheuer auf die Idee, diese Tradition neu zu beleben. Dem Werk wurde eine kunstkeramische Abteilung angegliedert. Die Grundlage für die „Ooms'sche Keramik" war geschaffen. Diese ornamentale Baukeramik wurde in den 1920er und 1930er Jahren in ganz Deutschland verwendet. Im Arkadenhof des Schlosses Bedburg ist ein besonders schönes und großflächiges Beispiel davon erhalten. Nach einem Entwurf des Kölner Bildhauers Franz Albermann entstanden 1926 die statisch für notwendig gehaltenen Füllungen der Renaissancearkaden. Die Motive zeigen Fabelwesen, Fisch- und Jagszenen mit exotischen Pflanzen und Tieren.

Schloss Bedburg 1854, Lithografie von Weber & Deckers, Köln

Informationen

Schloss Bedburg, Graf-Salm-Straße 34, 50181 Bedburg

Anfahrt: mit dem Auto über die A 61, Ausfahrt Bedburg, L 213 ins Stadtzentrum Bedburg. Mit der Bahn bis zum Bahnhof Bedburg (Erft)

Filzpantoffeln

Thomas Mann regten die geheimen Kammern und die Filzpantoffeln, die bei einer Besichtigung von Schloss Benrath zu tragen sind, zu einer Liebesszene an: „Große, kahnartige Filzpantoffeln standen dort aufgereiht, in die man unter viel Damengekicher zu steigen hatte, zur Schonung des kostbaren Parketts, die wirklich beinahe die Hauptsehenswürdigkeit der Lustgemächer waren, durch welche man dem hersagenden Einarm in unbeholfenem Schlurfen und Gleiten folgte. Verschieden gemustert von Raum zu Raum, bildeten ihre Intarsien in der Mitte Sternformen aller Art und Phantasien von Blumen. Ihre Blankheit nahm wie stilles Wasser die Schatten der Menschen, der geschweiften Prunkmöbel in sich auf, während hohe Spiegel, zwischen goldenen, von Girlanden umschlungenen Säulen und in Goldleisten gefaßten Tapetenfeldern aus geblümter Seide, einander die Bilder der Kristall-Lüster, der zärtlichen Deckengemälde, der Medaillons und Embleme der Jagd und Musik über den Türen wiederholend zuwarfen und trotz so manchem Blindflecken noch immer die Illusion unabsehbarer Raumfluchten erwecken konnten. (…) Im runden Bankettsaal, den in Nischen Apoll und die Musen umstanden, wurde das eingelegte Holzwerk des Fußbodens zum Marmor, gleich dem, der die Wände bekleidete. Rosige Putten zogen dort eine gemalte Draperie von der durchbrochenen Kuppel zurück, durch die das Tageslicht fiel, und von der Galerie, wie der Schloßwart hersagte, einst Musik zu den unten Tafelnden herabgeklungen war."
In seiner 1953 geschriebenen Erzählung „Die Betrogene" verarbeitete Thomas Mann (1875–1955) eine wahre Begebenheit.

Dianagruppe über der Front des Kuppelsaals

Schloss Benrath in Düsseldorf-Benrath

Etwa drei Kilometer südlich der Düsseldorfer Innenstadt liegen Park und Schloss Benrath. Gemeinsam bilden sie ein Gesamtkunstwerk französischer Schloss- und Gartenbaukunst des 18. Jahrhunderts. Vollkommen achsensymmetrisch gruppieren sich um den künstlich angelegten großen Weiher das als Pavillon gestaltete Hauptgebäude (Corp de Logis), östlich und südlich davon je ein „Kavaliersflügel", dazu im Halbrund zwei Torhäuser und vier so genannte „Wachhäuser".
Dem Baumeister gelang es, die Elemente Architektur, Bildhauerei, Malerei und Gartenkunst harmonisch miteinander zu verknüpfen.

Schloss Benrath über dem Spiegelweiher

Ein „entzückender Betrug"

Der Düsseldorfer Kunsthistoriker Richard Klapheck fand: „Das bescheidene Häuschen am Weiher im Park ist der entzückendste Betrug, den man sich denken kann." Bescheiden ist das Haus nämlich nur, solange man es sich von außen betrachtet, und der „Betrug" wird bei einer Besichtigung der prachtvoll mit Stuckmarmor, Deckengemälden, Putti und aufwändigem Parkett ausgestatteten Räume offensichtlich. Von Norden und Süden betrachtet, erscheint das Haus als eingeschossig mit einem Halbgeschoss (Mezzanin) und Dachgeschoss. Vestibül und Kuppelsaal, die beiden Festsäle des Schlosses, scheinen die einzigen Räume zu sein. Nicht sichtbar sind die im Erdgeschoss auf der Ebene des anschließenden Parks liegenden Räume, die als Wohnräume des Kurfürsten gedacht waren. Mit Mezzanin und Dachgeschoss ergeben sich in dem von außen eingeschossig wirkenden Bau bis zu vier Etagen mit ornamental wirkendem Grundriss.
Die Jagdmotive und ländlichen Szenen der Gartenskulpturen werden im Inneren in Malerei und Stuckdekor fortgesetzt. Der Schlossweiher im Norden und der

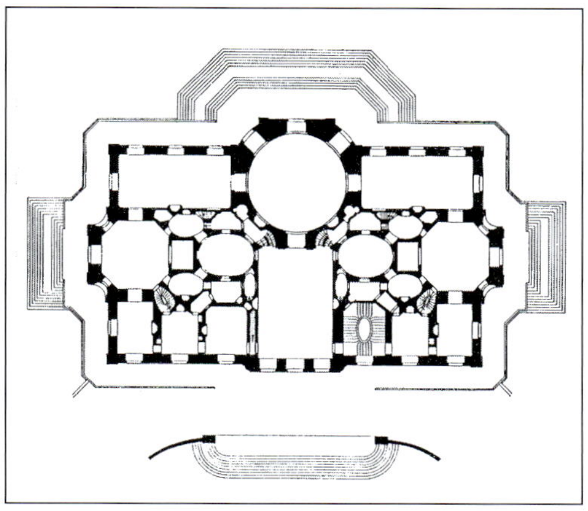

Grundriss

Spiegelweiher im Süden bilden die Verbindungsglieder zum Park, in den die Gebäude eingebettet sind. Der schon im 17. Jahrhundert angelegte Wildpark wurde im Rahmen des Schlossneubaus im französischen Stil mit acht sternförmig zusammenlaufenden Alleen zu einem geometrisch gestalteten Jagdgarten umgestaltet.
In den Gebäuden sind heute drei verschiedene Museen untergebracht, im Hauptgebäude ist eine bedeutende Sammlung von Kunst und Kunstgewerbe des 18. Jahrhunderts zu besichtigen, im Ostflügel das „Museum für Europäische Gartenkunst" und im Westflügel das „Museum für Naturkunde".

Ein Schloss für einen Tag

Benrath gehörte seit dem 13. Jahrhundert zum Besitz der Grafen vom Berg, den späteren Herzögen von Jülich-Cleve-Berg. Ein Wasserschloss aus dem 17. Jahrhundert diente als Sommerresidenz und Witwensitz. Kurfürst Karl Theodor von der Pfalz (1724–1799) hätte, im Gegensatz zu manch anderen Fürsten der Barockzeit, in seiner Regierungszeit von 1742 bis 1799 ausreichend Gelegenheit gehabt, sein Lustschloss auch zu nutzen.
Trotzdem soll er sich – als bayerischer Kurfürst in München residierend – nur einen einzigen Tag dort aufgehalten haben. Von 1756 bis 1770 wurde Schloss Benrath relativ schnell gebaut. Seit 1742 war Karl Theodor auch Landesherr des Herzogtums Jülich-Berg, ließ sich dort aber erst vier Jahre nach seiner Amtsübernahme erstmals blicken. Das seit 1716 leer stehende alte Schloss Benrath fand er durch Brand und Feuchtigkeit stark beschädigt vor. So beauftragte er 1755 seinen Hofbaumeister Nicolas de Pigage (1723–1796) mit der Planung und Ausführung eines Neubaus, der ausschließlich als Lustschloss genutzt werden sollte. Pigage hatte für den Kurfürsten schon die Schlösser Mannheim und Schwetzingen neu gestaltet. Trotz einer Unterbrechung während des Siebenjährigen Kriegs wurden die Bauten und der Park schon 1770 vollendet.

Gartenskulptur vor dem Schloss

Maison de Plaisance

Ein Lustschloss sollte Nicolas de Pigage seinem Kurfürsten bauen. In der Vorstellung der Zeit bedeutete das nicht nur eine weitgehende Befreiung von höfischem Zeremoniell (keine repräsentative Treppe, keine offiziellen Besuchsräume), sondern auch die Möglichkeit, allen Vergnügungen ungezwungen nachgehen zu können, inklusive der erotischen. Könige und Fürsten ließen sich diese Vergnügungsanlagen zusätzlich zu ihren großen Stadtschlössern in ländlicher Lage errichten. Die so genannten „Schäferspiele" waren Freizeitvergnügungen mit eindeutig erotischem Charakter. In den exakt geplanten Gartenanlagen spielten die Mitglieder der höfischen Gesellschaft das, was sie für „ländliches Leben" hielten – inklusive der angeblichen Freizügigkeit.

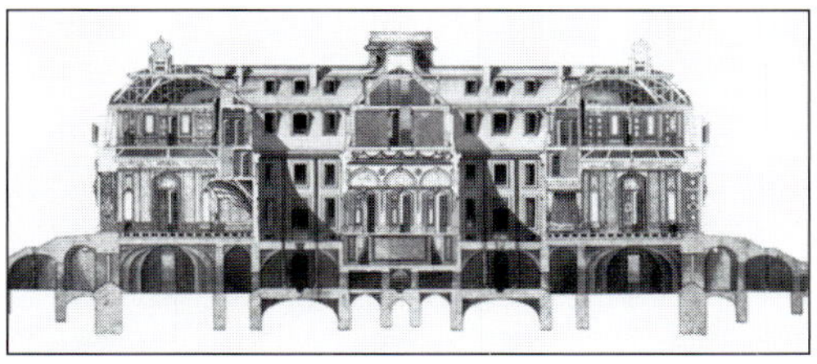

Schnitt durch das Schloss, 1755

Informationen

Schloss Benrath, Benrather Schlossallee 104, 40597 Düsseldorf

Anfahrt: mit dem Auto über die A 59 bis zur Ausfahrt Düsseldorf-Benrath.
Mit der S-Bahn Linie 6 Köln-Hansaring – Essen bis zur Haltestelle Düsseldorf-Benrath. Mit der Straßenbahn 701 bis zur Haltestelle Benrather Schlossallee. Rheinschifffahrt, Anlegestelle Benrather Rheinterrasse

Internationale Küche

Eine erfundene Szene: Der Koch auf Schloss Bloemersheim schickt seinen Küchenjungen von der Grafschaft Moers ins Herzogtum Geldern, um noch etwas Schmalz zu holen. Der Küchenjunge stöhnt laut auf und richtet sich auf einen langen Besorgungsgang ein. Da zeigt ihm der Koch den Schmalztopf an der gegenüberliegenden Wand, die schon auf benachbartem Territorium steht. So leicht ließen sich auf Schloss Bloemersheim politische Zusammenhänge erklären.
Bis 1724 verlief die Grenze zwischen beiden Grafschaften genau durch die Burgküche. Der über Jahrhunderte weitgehend problemlose Umstand verschaffte dem Burgherrn einen Sitz in beiden Landtagen. Schwierig wurde es erst, als zu Beginn des 16. Jahrhunderts in der Grafschaft Moers die Reformation eingeführt wurde, das Herzogtum Geldern aber als Teil der spanischen Niederlande katholisch blieb. Die auf Schloss Bloemersheim residierenden Grafen verloren dadurch zusehends an Einfluss.

Schloss Bloemersheim
in Neukirchen-Vluyn

Abgelegen und von der Straße aus nicht sichtbar, liegt Schloss Bloemersheim in einem sumpfigen Waldgelände am Nieper Altrhein zwischen Neukirchen-Vluyn und Rheudt-Schaphuysen. Eine erste Bebauung stammt aus dem Jahr 1354. Das heutige, ursprünglich aus dem 15. Jahrhundert stammende Schloss war ehemals vollkommen von Wasser umgeben. 1602 wurde es zusätzlich befestigt, ein weiterer Wassergraben angelegt und Geschützbastionen geschaffen. Im 17. Jahrhundert erhielten die Gebäude geschweifte Giebel. Um 1750 wurden Nebengebäude abgebrochen und der Graben zwischen den beiden Burginseln zugeschüttet. Das Herrenhaus erhielt einen neuen Haupteingang mit Freitreppe und die Vorburggebäude wurden vollständig erneuert.
Nochmals in der Mitte des 19. Jahrhunderts wurde der gesamte Gebäudekomplex nach vorheriger Vernachlässigung und einem Besitzerwechsel umgebaut und erhielt dabei seine gotisierenden Fenster.
Die dreiflügelige Anlage ist ganz aus Backstein gebaut. Die zweigeschossigen Gebäude werden an der Gartenseite von zwei unterschiedlich großen Ecktürmen auf quadratischem Grundriss flankiert. Im Laufe des 19. Jahrhunderts wurde das Schloss um einen weiteren dreiachsigen Bau ergänzt, der sowohl die gotisierenden Fenster, als auch die geschweiften Giebel aufnimmt. An der Gartenseite wurde ein zusätzlicher Treppenturm errichtet. Der an den Bibliotheksflügel nördlich

Schloss Bloemersheim, umgeben vom Wasser des Nieper Altrheins

Schloss Bloemersheim am Nieper Altrhein

Ein fruchtbares Land

Zur Freiherr von Leyen'schen Gutsverwaltung gehören die Schlösser Bloemersheim und Dyck sowie das Haus Meer. Auf den Ländereien werden neben 480 Hektar Getreide und Rüben intensiv Obst und Gemüse angebaut und auf 500 Hektar Forstwirtschaft betrieben. Von den Früchten, unter anderem Erdbeeren, Blaubeeren und Pflaumen, belegen Äpfel und Birnen mit 50 Hektar die größte Anbaufläche. An Sommer-Apfelsorten werden Manted, Piros, Gravensteiner, Summerred, James Grieve und Delbard Estivalle gepflanzt, an Herbstäpfeln Elstar, Cox Orange, Rubinette, Boskoop, Jonagold, Kent und Braeburn, außerdem Birnen der Sorten Alexander Lukas, Conference und Doyenne du Comice. Der größte Teil des Ertrags wird direkt in einem Hofladen vermarktet.

anschließende Bauteil wurde 1889 errichtet. Das ganze Schloss wurde in diesem Zusammenhang vollständig verputzt und mit aufgemalten weißen Fugen auf dem roten Putz geschmückt.
Der Zugang erfolgt über eine Wippbalken-Zugbrücke durch den im 18. Jahrhundert errichteten Wirtschaftshof aus unverputzten Backsteingebäuden, der sich zum Schloss hin öffnet. Zur Sicherung gegen erwartete Bergschäden wurde das Schloss 1983 bis 1989 vertikal in acht Segmente mit Dehnungsfugen zerschnitten. Seinen roten Anstrich erhielt Schloss Bloemersheim, nachdem diese Sicherungsmaßnahmen abgeschlossen waren. Das Schloss ist umgeben von einem Landschaftsgarten mit mehreren Teichen, der im englischen Stil gestaltet ist. Die Teiche werden durch den Kendelbach gespeist, der den Park durchfließt.

Zeichnung aus dem Niederrhein-Kalender von 1914

„Blomertshoefe in der Fluyne"

Als „Blomertshoefe in der Fluyne" wurde Schloss Bloemersheim zuerst 1406 genannt. Der offensichtlich noch unbefestigte Hof in Adelsbesitz der Familie Balderich wurde 1440 ausdrücklich als Lehen der Herren von Moers bezeichnet. 1586 musste Heinrich von Honnepel mit seiner Familie, die seit 1510 auf Bloemersheim wohnte, vor den Spaniern fliehen. Seinem Sohn Assuerus wurde, weil er sich zum protestantischen Glauben bekannte, das Vogtamt entzogen. Das Schloss wurde wegen seiner Grenzlage im Dreißigjährigen Krieg ständig umkämpft, beschädigt und besetzt. Kurz von 1648 ging der Besitz durch Heirat der Erbtochter Anna Sophia van Impel an Wirich Dietrich Adolph von Pelden, genannt Cloudt. Das Schloss wurde danach 1739 im Auftrag von Mauritz Gottfried von Pelden als Jagdschloss ausgebaut. Nach 1794 zunächst als Lazarett eingerichtet und durch französische Revolutionstruppen geplündert, kaufte der Krefelder Seidenproduzent Heinrich von der Leyen 1802 das Schloss und ließ es in dem weitgehend bis heute erhaltenen Zustand herrichten. 1816 wurde er in den Freiherrenstand erhoben. Schloss Bloemersheim ist bis heute im Besitz der Familie von der Leyen.

Weihnachtsmarkt im Schlosshof von Bloemersheim

Informationen

Freiherr von Leyen'sche Gutsverwaltung, Schloss Bloemersheim, Bloemersheimer Weg, 47506 Neukirchen-Vluyn

Das Schloss ist nicht zu besichtigen.

Anfahrt: mit dem Auto auf der A 57 bis Kreuz Moers, dann über die A 40 bis zur Ausfahrt Neukirchen-Vluyn, dort über die Lintforter Straße bis zur Niederrheinallee, die zum Bloemersheimer Weg führt.
Mit der Bahn bis zum Bahnhof Neukirchen-Vluyn

Fürstin, Äbtissin, Gräfin und was sonst noch alles

Das wenig bescheidene Wappen der Fürstäbtissin Franziska Christina von Pfalz-Sulzbach (1726–1776) über dem von Löwen gehaltenen Essener Stadtwappen am Hauptportal verkündet: „Von Gottes Gnaden Franziska Christina Pfalzgräfin bey Rhein und D. H. R. R. Fürstin und Äbtissin der Kayserlich freiweltlichen Stifter Essen und Thorn, in Bayern, zu Gülich, Cleve und Berg, Fürstin zu Moers, Gräfin zu Veldenz, Sponheim, der Mark und Ravensberg, Frau zu Ravenstein, Breysig, Rellinghausen, H...re... Anno 1744."

Schloss Borbeck in Essen-Borbeck

Der ehemalige Sommersitz der Essener Äbtissinnen im Westen der Stadt Essen ist ein dreigeschossiger Bau auf rechteckigem Grundriss mit zwei flankierenden viergeschossigen Türmen. Die Türme tragen geschweifte Hauben und achteckige Laternen. Die nördliche, zwischen den Türmen liegende Fassade endet in einem geschweiften Giebel ohne weitere Schmuckelemente. Die schlichte Gestaltung geht auf den Umbau 1744 zurück. Über dem Hauptportal am Nordgiebel ist das Wappen der Bauherrin Äbtissin Franziska Christina von Pfalz-Sulzbach angebracht.

Die letzte Fürstäbtissin Maria Kunigunde, eine Tochter Augusts des Starken von Sachsen, verbrachte die meiste Zeit ihrer Regentschaft bei ihrem Bruder, dem Trierer Kurfürsten Clemens Wenzeslaus in Koblenz, ließ aber den ausgedehnten Park mit Wasserkaskaden und künstlichen Ruinen ausstatten.

Schloss Borbeck, 1744, und die 1842 gebauten Wirtschaftsgebäude

Das benachbarte Wirtschaftsgebäude hat seinerseits schlossartigen Charakter. Es wurde 1842 nach einem Entwurf des Essener Architekten Heinrich Theodor Freyse im klassizistischen Stil gebaut, während Reichsfreiherr Klemens von Fürstenberg Besitzer des Schlosses war. Im Giebel finden sich daher Renaissanceköpfe des abgebrochenen Schlosses Horst (heute Gelsenkirchen), das ebenfalls im Besitz der Familie von Fürstenberg war.

Das kunstvoll geschmiedete Tor, das zum anschließenden Landschaftsgarten führt (Ende 17. Jahrhundert), stammt von Schloss Hugenpoet, auch dieses Schloss befand und befindet sich im Besitz der Familie. Schloss Borbeck ist umgeben von einem Wassergraben und einem ausgedehnten, 34 Hektar großen Schlosspark mit altem Baumbestand. Zum Hauptportal führt eine 13 Meter lange Brücke.

Schloss Borbeck von Südosten

Wappen über dem Hauptportal

Überfälle, Verwüstungen und Wiederaufbau

Ritter Herrmann von Borbeck trat den 869 erstmals erwähnten ehemaligen Oberhof der Ritter von Borbeck 1227 an die Äbtissin Adelheid des Essener Damenstifts ab.

Im Zuge von Wahlkämpfen, bei denen mehrere Kandidatinnen um das Amt der Äbtissin konkurrierten, wurde die Burg 1426 und 1441 erfolglos belagert, 1493 gingen bei einem Überfall aber das Torhaus und die Stallungen in Flammen auf. Der spätestens aus dem 13. Jahrhundert stammende Bau wurde 1590 durch spanische Truppen verwüstet, anschließend 1591/92 unter Äbtissin Elisabeth von Manderscheid-Blankenheim wiederhergestellt, die hier zunächst eine Sommerresidenz einrichtete. Große Wiederherstellungsarbeiten wurden 1655 nach dem Niederländisch-Spanischen und dem Dreißigjährigen Krieg erforderlich. Unter der Herrschaft von Franziska Christina von Pfalz-Sulzbach, Pfalzgräfin bei Rhein, erhielt der Bau 1744 weitgehend seine heutige Form und wurde dabei um fünf Fensterachsen nach Süden verlängert. Borbeck wurde seitdem zum hauptsächlichen Aufenthaltsort der Fürstäbtissinnen von Essen.

1804 erwarben die Grafen v. d. Recke-Volmarstein das Schloss, 1827 die Freiherren von Fürstenberg. Sie ließen 1842 jenseits der Schlossinsel Wirtschaftsgebäude errichten, die mit Spolien des abgebrochenen Schlosses Horst verziert wurden. Bauherr war Reichsfreiherr Klemens von Fürstenberg. 1941 verkaufte die Familie von Fürstenberg das im Krieg unbeschädigt gebliebene Schloss an die Stadt Essen, die es 1960 bis 1966 erheblich restaurierte, wobei vor allem die gesamte Innenausstattung zum Opfer fiel.

Ein Schloss für Musik und Kunst

Nach einem tief greifenden Umbau richtete die Stadt Essen im Wirtschaftsgebäude ein Bürgerzentrum ein. Schloss Borbeck ist seitdem ein Zentrum für kulturelle Aktivitäten in diesem Stadtteil, in dem Konzerte, Ausstellungen und Vortragsveranstaltungen stattfinden und die Volkshochschule ein Kurs- und Unterrichtsprogramm zu Theater, Malen, plastischem Gestalten und Fotografie anbietet. Außerdem befindet sich im Schloss eine Zweigstelle des Standesamts und eine Gaststätte. Seit 1999 bietet die Folkwang Musikschule in Schloss Borbeck Kurse für Musik und Tanz an.

Informationen

Folkwang Musikschule, Schlossstraße 101, 45355 Essen

Anfahrt: mit dem Auto auf der A 40 bis zur Ausfahrt Mülheim-Winkhausen/ Essen-Borbeck, dann auf der B 231, der Borbecker Straße, bis zur Schlossstraße.
Mit der Straßenbahn Linie 103 bis zur Haltestelle Schloss Borbeck.
Mit dem Bus 140 bis zur Haltestelle Schloss Borbeck.
Mit der S-Bahn Linie 9 bis zum Bahnhof Essen-Borbeck

Außenseite der Vorburg

Burg Broich in Mülheim-Broich

Burg Broich beherrscht den 11 Meter hohen Hügel gegenüber von Mülheim auf der linken Ruhrseite, der letzten Erhebung vor der niederrheinischen Tiefebene. Die Anlage gruppiert sich um den heute nicht mehr vorhandenen, frei stehenden runden Bergfried, zunächst um den wahrscheinlich um 1100 gebauten Turm auf quadratischem Grundriss, der nach 1188 von einem runden Wohnturm mit einem Durchmesser von 17,2 Meter umschlossen wurde. 1743 wurde dieser Turm bis auf das Untergeschoss abgetragen. Erst am Ende des 19. Jahrhunderts wurden die Grundmauern der beiden Türme wieder freigelegt. Durch leichte Aufmauerungen nach Grabungen 1965 und 1969 sowie 1976/77 sind sie noch heute zu sehen. Die 1,5 Meter starke Ringmauer mit einem Durchmesser von 46 Meter (erbaut im 16. und 17. Jahrhundert) ist bis heute erhalten.
Im Bereich der westlich an die Ringmauer anschließenden Vorburg befindet sich der Palas mit einem „Rittersaal" im Obergeschoss. Er entstand 1644 bis 1648 an der Stelle eines zerstörten Palas aus dem 14. Jahrhundert. Daran schließen Bauten des 16. bis 18. Jahrhunderts an. Den westlichen Abschluss bildet das „Gläserne Kabinett", ein Haus aus dem 17. Jahrhundert, das 1780 umgebaut wurde und dabei ein Mansarddach erhielt. Das Treppenhaus am Palas wurde 1789 gebaut.

Palas der Vorburg aus dem 17. Jahrhundert

Weitere Höfe, die die Burg im Osten und Süden umgaben, sind bei der Anlage der Duisburger Straße im 19. Jahrhundert weitgehend zerstört worden. Der Abbruch des ehemaligen Außentors erfolgte erst 1949.
Die Burg dient heute der Volkshochschule Mülheim, zu repräsentativen Zwecken der Stadt Mülheim und wird zu Konzertveranstaltungen und für Kunstausstellungen genutzt.

Eine Burg aus dem frühen 12. Jahrhundert

Eine erste Bebauung dieses Orts ist für die spätkarolingische Zeit gesichert. Es wird angenommen, dass der ostfränkische Herzog Heinrich hier spätestens 884 eine befestigte Anlage zum Schutz der benachbarten Reichsabtei Werden errichten ließ. Erste Nachrichten über die Herren von Broich gibt es aus dem Jahr 1093, die Burg wurde 1188 erstmals genannt, als Theoderich und Erwin Bruke sie an den Kölner Erzbischof Philipp von Heinsberg verkauften und sich seiner Lehenshoheit unterstellten. 1372 starb Dietrich von Broich kinderlos. Der Besitz ging deshalb an den Mann seiner Schwester, Dietrich V. von Hohenlimburg, das Lehen wurde aber weiterhin an die Grafen von Berg gegeben. Unter der Herrschaft von Dietrich V. von Hohenlimburg wurde um 1400 ein neuer Palas gebaut. 1443 eroberten die alliierten Erzbischof Dietrich von Köln, Herzog Gerhard II. von Jülich und Berg und der Bischof von Lüttich die Burg, die aber schon 1446 wieder an Hohenlimburg zurückgegeben wurde. Nach Aussterben der Grafen von

Palas der Vorburg von außen, Zeichnung von Alfred Baum, 1893

Limburg ging der Besitz 1508 an die Familie von Dhaun, Grafen zu Falkenstein und Herren zu Oberstein, über. In den Jahren 1644 bis 1648 wurde das Hochschloss unter Wilhelm Wirich von Dhaun-Falkenstein weitgehend umgebaut. Die Burg erhielt vier Türme, einer davon ist bis heute erhalten. Bedeutende Erweiterungen erfuhr die Burg Broich danach erst wieder 1780 bis 1797 unter Marie Louise Albertine von Hessen-Darmstadt. Die Herrschaft Broich wurde 1806 aufgelöst. 1857 kaufte der Bankier Eduard Stöcker den Besitz und von diesem 1937 die Stadt Mülheim.

Ablesbare Archäologie

Während die Vorburg ihrerseits heute als Schloss oder Burg Broich gilt, liegen die Ursprünge der mittelalterlichen Anlage gut sichtbar innerhalb der östlich daran anschließenden Ringmauer. Die archäologischen Grabungen in den Jahren 1965 und 1969 sowie 1976/77 wurden durch die Aufmauerung der gefundenen Grundmauern gesichert und gleichzeitig für Laien auf Dauer sichtbar gemacht. So sind die relativ schwachen Grundmauern des karolingischen Ursprungsbaus (9. Jh.) zu sehen, der von Norden bis in die Mitte des ummauerten Grundstücks reichte. Erstaunlicherweise sind keine schriftlichen Quellen zu diesem Bau überliefert. Der annähernd quadratische Raum, mit dem dieser Bau im Süden abschloss, wurde wahrscheinlich um 1100 zu einem Turm aufgestockt und dazu die Grundmauern erheblich verstärkt. Erst nach 1188 wurde dieser Turm von dem runden Turm mit seinen 1,90–2,50 Meter starken Mauern umschlossen.

Informationen

Schloss Broich, Am Schloss Broich 28,
45479 Mülheim an der Ruhr

Anfahrt: mit dem Auto auf der A 40 bis zur Ausfahrt Mülheim, dann über die B 223 bis zum Stadtteil Broich

Burg Brüggen in Brüggen

Burg Brüggen liegt am Südostrand des Ortes Brüggen in den Niederungen der Schwalm. Brüggen ist Kreuzungspunkt der Handelsstraßen von Venlo nach Erkelenz und von Köln nach Roermond.
Die Burg umschloss ursprünglich einen Hof und war an allen vier Ecken mit runden Türmen gesichert. Mit ihrem annähernd quadratischen, leicht verzogenen Grundriss von 40 mal 37 Metern folgt sie dem Bautyp der kurkölnischen Landesburgen, der seit dem 14. Jahrhundert verwendet wurde. Nur einer dieser Türme

Palas und Südwestturm von 1994

Wassermühle an Burg Brüggen

(im Südwesten) und der daran anschließende dreigeschossige Palas sind erhalten. Von dem ehemals parallel zu diesem Palas liegenden Flügel an der Nordseite des Burghofs sind noch Mauerreste vorhanden. Von der Vorburg, die die Hauptburg, getrennt von einem Wassergraben, halbkreisförmig umschloss, gibt es noch Reste der Ringmauer, einen runden Eckturm, den so genannten Wasserturm, und einen Torbau. Der aus dem 14. Jahrhundert stammende Torbau wurde im 17. Jahrhundert dem Stil der Zeit angepasst. Palas und Eckturm der Hauptburg wurden nach einer Zerstörung 1473 um ein Geschoss höher als zuvor wieder aufgebaut. Dadurch liegt der ehemals abschließende Spitzbogenfries in der Mitte der Wand. Im 17. Jahrhundert wurde das gesamte Gebäude nochmals umgebaut und der Spitzbogenfries dabei stellenweise durch Fenster durchbrochen. Im 19. Jahrhundert verfiel die Anlage mehr und mehr, sodass heute nur ein Viertel ihrer ursprünglichen Bauten erhalten ist.
1994 erhielt der Rundturm zur baulichen Sicherung einen markanten Turmhelm in betont zeitgemäßer Gestaltung. Zum Burgbereich gehört eine Wassermühle, die bereits 1289 erwähnt wird.

Baujahr 1264

1264 wird als Baujahr der Burg Brüggen genannt. Graf Walram von Kessel gab die Burg Brüggen 1289 dem Herzog von Brabant zum Lehen. Weil die Familie von Kessel 1305 ausstarb, kam Brüggen als brabantisches Lehen an die Grafen und seit 1356 Herzöge von Jülich. Unter ihrer Herrschaft wurde die Burg systematisch mit den vier Ecktürmen ausgebaut. 1473 wurde sie von Truppen Karls des Kühnen gleichwohl erobert, schwer beschädigt, danach aber wieder aufgebaut. Seit 1356 und bis 1794 war Brüggen Sitz der Amtsverwaltung im Herzogtum Jülich. 1803 wurde die Burg – unter französischer Herrschaft – an den letzten Amtsverwalter Johann Ludwig Dortans verkauft und gehörte danach mehreren privaten Besitzern. Seit 1974 ist sie von der Stadt Brüggen gepachtet, die darin ein Jagd- und Naturkundemuseum eingerichtet hat.

Jagd- und Naturkundemuseum

In fünf historische Phasen gegliedert, zeigt dieses Museum seit 1979 den Umgang des Menschen als Sammler und Jäger mit seiner Umwelt. Es werden einheimische Tierarten gezeigt, u.a. auch bereits ausgestorbene sowie Waffen von der Steinzeit bis ins 19. Jahrhundert. Träger des Museums sind der Landesjagdverband, der Kreis Viersen und die Gemeinde Brüggen.

Zeichnung aus dem Heimatbuch Grenzkreis Kempen-Krefeld, 1905

Informationen

Burg Brüggen, Burgwall 2, 41379 Brüggen

Öffnungszeiten des Jagd- und Naturkundemuseums: Di–Fr 10–12 und 14–17 Uhr, Sa–So 10–17 Uhr

Anfahrt: mit dem Auto über die B 221 bis Brüggen. Mit dem Schnellbus Linie 83 von Mönchengladbach bis Niederkrüchten, von dort mit dem Bus 012 bis Brüggen

Haus Caen in Straelen

Haus Caen liegt am Ufer der Niers an der Straße nach Wachtendonk. Fundamente eines mittelalterlichen Turms auf quadratischem Grundriss wurden im westlichen Schlossgraben gefunden. Die ehemals wasserumwehrte Hofesfeste erhielt 1657 bis 1660 ihre heutige Erscheinung, die an französische Schlossbauten erinnert. Obwohl das Anwesen zunächst als Wasserburg ausgebaut war und später als Schloss, behielt es doch die bescheidenere Bezeichnung „Haus". Der zweigeschossige Bau über einem Sockelgeschoss wird an seiner Hauptfassade flankiert von zwei flachen Risaliten, die verschiedentlich als Reste ehemaliger Seitenflügel gedeutet werden. Nach einem Brand wurde das ursprüngliche flache Walmdach 1904 durch ein verschiefertes Mansard-Walmdach mit geschweiften Dachgauben ersetzt, die Risalite erhielten gleichzeitig hohe turmartige Dächer. Der gesamte Bau wirkt seitdem höher. Die Putzquaderung der drei mittleren Fensterachsen an der Ostfassade macht bis heute auf den seit diesem Umbau fehlenden flachen Giebel aufmerksam.

Haus Caen über der Niers

Wassermühle an Haus Caen, um 1800, nach einem Brand 1982 rekonstruiert

Die zum Haus gehörende Wassermühle wurde um 1800 gebaut. Sie brannte 1977 weitgehend ab und wurde bis 1982 erneuert. Im Hof steht einer der wenigen an Schlössern und Herrenhäusern erhaltenen Taubentürme aus der ersten Hälfte des 19. Jahrhunderts. Er hat 34 Ausflugslöcher.

Zeichnung von A. F. von Afferden, 1837

Im Auftrag von Carl Ludwig von Varo gestaltete der Düsseldorfer Gartenarchitekt Maximilian Friedrich Weyhe 1820 bis 1830 den Park im englischen Landschaftsstil um. Neben vielen seltenen Gehölzen gehören zum heutigen Bestand des etwa 100 Hektar umfassenden Parks Blutbuchen, die als markante Blickpunkte, so genannte „Points-de-vues", vor die umliegenden Wälder gepflanzt wurden.

Neubau in der Mitte des 17. Jahrhunderts

1451 wurde Haus Caen erstmals erwähnt und 1529 an die Abtei Siegburg verkauft. Kurz darauf gehörte das Haus allerdings der Familie des Engelbert von Wissel. Durch Erbfolge gelangte es 1657 in den Besitz von Jacques Simon von Varo, Baron du Magny, der das Haus im Stil der Zeit neu errichten ließ. Bis ins 19. Jahrhundert lebte die Familie von Varo in Haus Caen. 1876 erbte es die Familie von Geyr-Schweppenburg, die es bis heute besitzt.

Bannmühlen

Zinspflichtige Bauern wurden von ihren Grundherren gelegentlich zusätzlich mit einem Mahlzwang belegt. Sie wurden verpflichtet, ihr Getreide in einer bestimmten, dem Grundherrn gehörenden oder von ihm kontrollierten Mühle, wie der Bannmühle von Haus Caen, mahlen zu lassen. Die Abhängigkeit der Bauern wurde dadurch erheblich verstärkt, die Einkünfte des Grundherrn erhöht.

Informationen

Haus Caen, Boekholt 12, 47638 Straelen

Haus Caen ist bewohnt, Besichtigungen sind nicht möglich.

Anfahrt: mit dem Auto über die A 40 bis zur Ausfahrt Straelen/Herongen, dann über die B 211 Richtung Straelen. Haus Caen liegt östlich des Stadtzentrums.

Der Tante-Emma-Laden

Die „alte Zeit“ war sicher für die wenigsten Menschen eine gute. Wer aber das Spiel spielen und sich der Illusion einer ehemaligen Idylle hingeben will, der kann sich im Tante-Emma-Laden des Museums Bonbons einzeln abzählen lassen und am Wochenende niederrheinische Spezialitäten kaufen: Kuchen, Eier, Branntwein und Steinofenbrot, das mittwochs im benachbarten Backes gebacken wird. An anderen Tagen wird geschmiedet, gewebt und geflochten, nach alter Art und bestimmt so gut, wie in der alten Zeit.

Dorenburg in Grefrath

Das Haus Dorenburg liegt etwa einen Kilometer nördlich von Grefrath. Das zweigeschossige Burghaus steht auf einer von Gräben umgebenen Insel. Weitere Befestigungen hatte das Haus offensichtlich nicht. Es besteht aus zwei im rechten Winkel zueinander stehenden verputzten Backsteingebäuden aus den Jahren 1630 und 1705. Seine geschweiften Giebel tragen keine zusätzlichen Zierformen. Für die Nutzung als Museum wurde der im Zweiten Weltkrieg zerstörte Nordflügel neu gebaut. Eisenanker in der Wand bilden hier gleichwohl das Datum 1630. Erst bei diesem Wiederaufbau erhielt auch der Nordflügel einen geschweiften Giebel. Dadurch entstand mit der Rekonstruktion eine auch im Aufriss symmetrische Anlage. Im Museumsteil des Nordflügels werden Gegenstände der bürgerlichen und adeligen Wohnkultur am Niederrhein gezeigt. Das Niederrheinische Freilichtmuseum sammelt und präsentiert Gegen-

Die Dorenburg, Zentrum des Niederrheinischen Freilichtmuseums Grefrath

Zeichnung um 1950

stände zum Leben und Arbeiten am Niederrhein „in vortechnischer Zeit". Für das Museum war vor allem durch den Verfall und die Vernichtung zahlreicher Fachwerkhäuser und Objekte der bäuerlichen Kultur in den 1960er Jahren ein Bedarf entstanden. Sonderausstellungen zu volkskundlichen Themen mit regionalem Bezug ergänzen die Exponate zur bürgerlichen und adeligen Wohn- und Lebenskultur am Niederrhein. Dazu zählt auch eine Frühform des heutigen Kegelspiels, die so genannte Bügelbahn, die besichtigt und benutzt werden kann. Im angegliederten Gasthaus „Pannekookehuus" werden ausschließlich niederrheinische Gerichte serviert, unter anderem Roggenbrot mit Griebenschmalz, Stielmus, Karbonade, Bockerskook, Panhas, Weck mit Kruut.
Um das Hauptgebäude herum sind Blumen- und Gemüsegärten angelegt. Das Niederrheinische Freilichtmuseum betreibt Hausforschung für Gebäude des linken Niederrheins.

Ein geldrisches Lehen

Der Rittersitz Dorenburg wurde 1326 erstmals genannt. Als geldrisches Lehen befand er sich im Besitz des Johan von Pleis und kommt seitdem in die Hand vieler Adelsfamilien, u. a. Wachtendonk, Spee, Eyll, Bernsau, Wilich, Bierens, Folleville, Schaesberg und Plettenberg. 1808 wurde das hoch verschuldete Anwesen zur Nutzung als Bauernhof verkauft. Die Vorburg verfiel.
1966 kam es in den Besitz der Gemeinde Grefrath, die es 1971 an den Kreis Viersen verkaufte und zum Zentrum des 1973 gegründeten Freilichtmuseums gemacht hat.

Freilichtmuseum

Das um die Dorenburg herum angelegte Freilichtmuseum versammelt vorwiegend Fachwerkbauten vom Niederrhein, die an ihrem ursprünglichen Platz abgebaut wurden und hier in musealer Form präsentiert werden. Das Freilichtmuseum ist Teil eines großen Schul-, Jugend- und Sportparks, des so genannten „Schwingbodens", in dem 1970 die Landesgartenschau stattfand.

Informationen

Niederrheinisches Freilichtmuseum Grefrath, An der Dorenburg 28, 47929 Grefrath

Öffnungszeiten:
März: Di–So 10–16 Uhr
April–Oktober: Di–So 10–18 Uhr
November: Di–So 10–16 Uhr

Anfahrt: mit dem Auto über die A 40, Ausfahrt Grefrath, von dort nach Süden, Richtung Eisstadion

Die Gesellschaft von den fahlen Pferden

Gerard von Dyck war 1288 in der Schlacht von Worringen in Gefangenschaft geraten und dadurch zu einiger Berühmtheit gelangt. Sein Sohn Konrad V. gründete 1340 den Ritterbund „Gesellschaft von den fahlen Pferden". Die Herren von Dyck galten spätesten seit der nächsten Generation als Raubritter und überfielen in der Nähe von Bergheim vorwiegend Lütticher Kaufleute. Ihre Herrschaft konnten die Herren von Dyck im Grenzgebiet zwischen den Territorien Jülich, Geldern und Köln aufbauen. Im Jahr 1383 aber verbündeten sich Herzog Wilhelm von Jülich und Geldern und der Erzbischof Friedrich III. von Köln und belagerten die Burg sechs Wochen lang. Gerard gab zähneknirschend auf und übergab seine „burgh zer Dicke". Um künftig nicht wieder als Raubritternest dienen zu können, musste er seine eigene Burg zerstören. Die Schleifung der Burg wurde offensichtlich nicht ausreichend kontrolliert, denn schon 1393 erklärten die Herren von Dyck Köln erneut die Fehde.

Schloss Dyck in Jüchen

Schloss Dyck liegt am Ufer des Kelzenbergbachs und ist umgeben von einem großen Schlosspark. Nach vielfachen Zerstörungen der Burg entstanden in der Mitte des 17. Jahrhunderts die ausgedehnte Schlossanlage mit Scheune (1647), Brauhaus (1653), Reitstall und Wachstube und das vierflügelige Schloss (1656–1663). Die ganze Anlage ist seitdem von einem dreifachen System von Wassergräben umgeben. Etwa ein Jahrhundert später wurde sie ergänzt um den großen Wirtschaftshof (1761), eine Kapelle (1763) und eine steinerne Brücke mit Pavillon (1767). Die vier Flügel des Hauptgebäudes umschließen einen annähernd quadratischen Innenhof und werden von vier polygonalen Ecktürmen mit geschweiften Hauben flankiert. Das Hauptschloss wurde unter Verwendung erhaltener Reste eines Vorgängerbaus errichtet. Reste sind vor allem im Kapellenflügel zu finden. Trotz gleicher Traufhöhe sind in den Flügeln zum Teil zwei, zum Teil drei Geschosse untergebracht. Im Innenhof wurde dem Südflügel 1897 bis 1899 ein neubarockes Treppenhaus vorgelagert, als dessen Eingang ein wieder verwendetes Barockportal von 1663 dient. Die Kapelle im Westtrakt des Schlosses wurde im 18. Jahrhundert ausgestattet und enthält bedeutende Malereien und Skulpturen rheinischer Künstler.
Nördlich der Hauptgebäude liegt der hufeisenförmige innere Wirtschaftshof. Die zweigeschossigen Gebäude aus dem späten 17. Jahrhundert öffnen sich zum Hauptschloss hin. Ebenfalls zweigeschossig und aus dem 17. Jahrhundert ist der nördlich davon errichtete Winkelbau, und wiederum nördlich von diesem liegt der große äußere Wirtschaftshof mit eingeschossigen Gebäuden um einen rechteckigen Hof.

Steinerne Brücke und Pavillon, 1767 erbaut

Hauptschloss

Eine strenge Achsensymmetrie, wie sie bei barocken Anlagen üblich ist, war hier wohl wegen vorhandener Wassergräben nicht zu erreichen. Die in verschiedenen Winkeln einander zugeordneten Gebäude ergeben daher ein eher malerisches Ensemble.
Joseph Maria Franz Anton Fürst zu Salm-Reifferscheidt-Dyck (1773–1861) war ein Pflanzenliebhaber. Als botanisch interessierter Privatgelehrter und Sammler von Sukkulenten (Fettblattpflanzen) erwarb er sich einen Ruf. Der Mode der Zeit entsprechend beauftragte er 1794 den schottischen Gartenarchitekten Thomas Blakey zur Gestaltung seines Schlossparks in Form eines englischen Gartens. Viele der damals gepflanzten Bäume sind noch erhalten und verzeichnet im „Hortus Dyckensis", einem Verzeichnis der in den botanischen Gärten von Dyck gezüchteten Pflanzen.
In der Tradition ihrer Vorfahren brachte Marie Christine Gräfin Wolff Metternich ihren Besitz in eine Stiftung ein, mit dem Ziel ein Zentrum für Gartenkunst und Landschaftskultur zu gründen. Auf dem „Dycker Feld" wurden im Rahmen der dezentralen Landesgartenschau 2002 Beispiele aktueller Gartengestaltung angelegt. Orangerie und Teehaus sind seitdem saniert. Im Hauptschloss sind Ausstellungen zur Gartenkunst zu sehen.

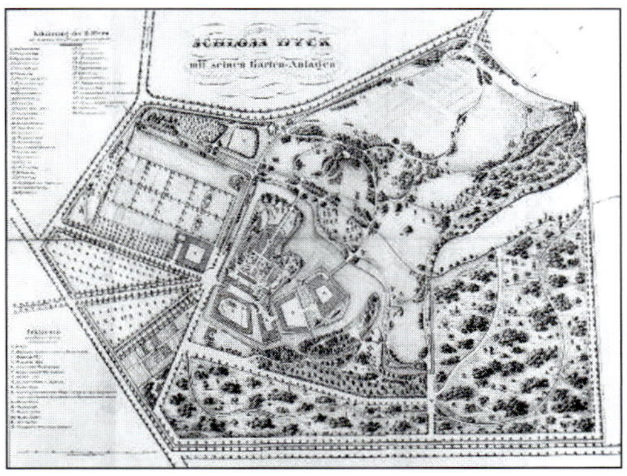

Historischer Gartenplan

Die Burg hinter dem Dyck-Deich

Hinter dem Dyck-Deich, der den Kelzenbergbach zu einem See anstaut, entstand um 1094 die erste Burg des Hermann von Dyck. Konrad von Dyck trug sie 1349 dem Herzog Reinald von Geldern zu Lehen auf. Ihn der Raubritterei beschuldigend, belagerte eine Allianz aus Kurköln und Geldern 1383 die Burg des Gerard von Dyck und nahm sie schließlich ein. Gerard musste seine Burg schleifen. Die Grafen von Reifferscheidt übernahmen 1395 den Besitz. Seit 1389 war die Herrschaft reichsunmittelbar. Auftraggeber des bis heute erhaltenen Schlosses war 1445 der kurkölnische Oberst Ernst Valentin von Salm-Reifferscheidt-Dyck. Schloss Dyck ist bis heute im Besitz der Familie Salm-Reifferscheidt-Dyck, die nach Erwerbungen der Grafschaft Salm 1406 seit 1445 diesen Namen führt und seit der Mitte des 15. Jahrhunderts mehrere Jahrhunderte das Erbmarschallamt in Köln innehatte. 1804 wurde die Familie in den Fürstenstand erhoben, 1816 in den preußischen Fürstenstand. 1958 erlosch die Familie im Mannesstamm.

Der englische Gartenstil

Im Gegensatz zum strengen Garten der Barockzeit mit symmetrischen Blumenrabatten und geometrisch geschnittenen Gehölzen soll der Landschaftspark im englischen Stil den Eindruck weitgehender Natürlichkeit vermitteln, ohne allerdings den gestaltenden Einfluss des Menschen zu leugnen. Seltene Baum- und Straucharten, arrangiert in Rasenflächen, Baumgruppen und gewundenen Wegen, scheinbar überraschende Blicke auch über die eigentlichen Parkgrenzen hinaus, die als wohlkomponierte Bilder inszeniert sind, sind typisch für diese Form des Gartens.
Im „Zentrum für Gartenkunst und Landschaftskultur im Rheinland" werden seit der dezentralen Landesgartenschau 2002 die bedeutendsten Gartenformen auf Schloss Dyck erforscht und gepflegt.
Die Ausstellung „Historie" im Ostflügel des Schlosses führt in die Geschichte zu Schloss Dyck ein. In der Ausstelung „Grazie" präsentieren zehn zeitgenössische Künstler ihre Interpretation zum Thema Mensch und Natur. Mit der Geschichte und Bedeutung des Landschaftsgartens im 18. und 19. Jahrhundert beschäftigt sich die Ausstellung „Landschaft".

Informationen

Stiftung Schloss Dyck, Zentrum für Gartenkunst und Landschaftskultur, Klosterstraße 1, 41363 Jüchen

Die Gärten können Di–So von 10–18 Uhr besucht werden, das Schloss und die Ausstellungen Di–So von 14–18 Uhr.

Anfahrt: mit dem Auto über die A 46, Ausfahrt Grevenbroich-Kapellen. Mit Bussen ab Jüchen Markt und Neuss Busbahnhof

Haus Esselt in Hünxe-Drevenack

Am Ufer der Issel entstand das heutige Gebäude im Auftrag von Christoph von Loeben nach 1709. Das zweigeschossige Herrenhaus ist mit einem Walmdach gedeckt, sodass der gesamte Baukörper äußerst kompakt wirkt.

Das schlichte Herrenhaus war der ideale Rückzugsort für den Grafiker Otto Pankok. Erschreckende Erlebnisse im Ersten Weltkrieg, ein deutlicher Einsatz für unterdrückte Menschen und ein teilweises Verbot seiner Arbeiten während des Nationalsozialismus hatten seine Weltsicht geprägt, bevor Pankok sich auch nach dem Krieg mit seiner Kunst unerwartet in der Position eines Außenseiters wieder fand. Während seiner Professur an der Düsseldorfer Kunstakademie nach 1947 setzten sich abstrakt arbeitende Künstler auf dem Kunstmarkt und bei der Kunstkritik zusehends durch. Der Tenor der Kunstkritik lief auf eine scheinbar notwendig voranschreitende Abstraktion hinaus. Zur Avantgarde wurden nur noch Künstler gezählt, die sich dieser Tendenz anpassten. Otto Pankok widersetzte sich mit seinen Werken und durch Stellungnahmen dieser Tendenz, wie unter anderem auch im Jahrbuch der Staatlichen Kunstakademie Düsseldorf 1948/50: „Abstrakt sind nur die Mittel der Kunst, abstrakt ist ihre Technik, denn die Kunst ist keine Imitation der Natur. So war es von jeher seit der ersten menschlichen Kunstbetätigung, und so wird es immer sein in dieser Welt, solange Menschen

Ein Haus voller Kunst

Die Kunst, erzählte Hulda Droste, Otto Pankoks Frau, sei für sie und für ihren Mann wie die dreihundert Jahre alte Buche vor Haus Esselt, die Pankok immer wieder gemalt habe: „... erst klein und unscheinbar, sie wächst wie der Baum mit der Zahl seiner Jahresringe, bis dass sie wie er nicht mehr zu übersehen ist.“ Das Haus, in dem Otto Pankok die letzten acht Jahre seines Lebens verbrachte, ist voll von den Werken des expressionistischen Künstlers: Kohlezeichnungen, Holzschnitte, Radierungen, Skulpturen.

Das schlichte, 1709 erbaute Herrenhaus

Haustür Haus Esselt

Innenbrunnen und Ausstellung von Holzschnitten Otto Pankoks

die Fähigkeit haben werden, die große Einheit des Seins zu empfinden. (...) Abstrakt malen ist ein Abgleiten ins Spiel, ein Ausweichen vor der Wahrheit in unkontrollierbare Gefilde. Der Maler abstrakter Bilder begibt sich in einen Raum, in welchem anscheinend die Freiheit herrscht, aber es ist nur die Willkür, die sich anmaßt, Freiheit zu heißen. Es ist die Freiheit in einem leeren Raum, in einem menschenleeren Land. Es ist richtig und lobenswert, wenn der Künstler sich müht, das auszusprechen, was nach seiner Meinung bisher noch nicht von den Menschen gesagt wurde. Aber in seinen Mitteln soll er sich mühen, die Wege zu gehen, die gerade zu dem Verstand und zu den Sinnen der übrigen Menschen führen."

Die Wahl des Orts, an dem er seinen aktiven Ruhestand verbrachte, traf Otto Pankok im Einklang mit seiner Weltsicht, in der er Mensch und Natur durch die Entwicklungen in Technik und Gesellschaft bedroht sah. In seinen Bildern klagt er deshalb häufig menschenunwürdige Verhältnisse, Zerstörung und Krieg an. Seine humanistische Grundhaltung beruhte auf einem universellen Verständnis des Christentums. Sein Holzschnitt „Christus zerbricht das Gewehr" von 1951 auf dem ein mild wirkender Jesus über seinem Knie ein Gewehr zersplittern lässt, wurde zum Symbol der christlich orientierten Teile der Friedensbewegung der 1980er Jahre.

Ehemaliges Herrenhaus von Loeben

Erste Erwähnung fand Haus Esselt 1330. Johann von der Capellen wurde 1449 als Lehnsmann der Herzogin Katharina von Cleve auf dem Hof Esselt genannt. 1709 wurde der Besitz an Christoph von Loeben verkauft, der das Herrenhaus neu errichten ließ.

Nach der Emeritierung von seiner Professur an der Düsseldorfer Kunstakademie, an der er von 1947 bis 1958 gelehrt hatte, bezog Otto Pankok Haus Esselt und richtete in der Scheune sein Atelier ein. Seine Frau Hulda und seine Tochter Eva gründeten dort 1968 das Otto Pankok-Museum.

Otto Pankok

Otto Pankok wurde vor allem durch seine expressionistischen Holzschnitte mit sozialkritischen und christlichen Themen bekannt. Den Nationalsozialisten galt seine Kunst als entartet. Sie entfernten 56 seiner Werke aus deutschen Museen und vernichteten sie. 1936 erhielt Pankok Arbeits- und Ausstellungsverbot, stand unter Polizeiaufsicht, verbunden mit Hausdurchsuchungen. 1950 entstand der eindringliche Holzschnitt „Christus zerbricht das Gewehr", den Pankok Papst Pius XII. schenkte. In der Zeit nach dem Zweiten Weltkrieg war Pankok einer der wenigen Maler und Grafiker in Deutschland, die nicht abstrakt arbeiteten. Der Maler und Grafiker wurde 1893 in Saarn bei Mülheim an der Ruhr geboren und starb 1966 in Wesel.

Otto Pankok

Informationen

Haus Esselt, Otto-Pankok-Weg 4,
46569 Hünxe-Drevenack

Öffnungszeiten des Museums:
Fr–So 10–13 und 15–19 Uhr sowie auf Anfrage

Anfahrt: mit dem Auto über die A 3 bis zur Ausfahrt Wesel/Schermbeck, dort auf der B 58 Richtung Schermbeck und links Richtung Brünen, der Beschilderung „Otto Pankok-Museum" folgen

Die Zonser Schweinefehde

Der bei Zons erhobene Rheinzoll stand dem Erzbistum Köln zu. Wer den tatsächlichen Nutzen davon haben sollte, scheint aber nicht klar geregelt gewesen zu sein. Der Zoll floss dem Domkapitel zu, das behauptete, damit die Schulden des Erzbischofs Salentin von Isenburg zu decken. Mit dieser lapidaren Auskunft war der Erzbischof allerdings nicht zufrieden. Um sich schadlos zu halten, ließ er 50 Schweine, die vor den Mauern der Stadt weideten, zusammentreiben. Die Aktion ließ sich nicht mehr plausibel als Mundraub erklären und führte 1575 bis 1577 zur „Zonser Schweinefehde".

Burg Friedestrom in Dormagen-Zons

Der Ort Zons liegt auf der linken Rheinseite am Nordrand der niederrheinischen Bucht. Die trotz mehrerer Zerstörungen gut erhaltene Befestigungsanlage aus dem 14. Jahrhundert beeindruckt heutige Besucher durch ihre malerischen Anblicke. Es handelt sich um die Kombination einer erzbischöflichen Zollfestung mit einer im 14. Jahrhundert errichteten Stadtbefestigung. Die Lage der im 13. Jahrhundert bestehenden Burg ließ sich bisher nicht ermitteln.

Die Befestigung in Form eines trapezförmigen Rechtecks schließt sowohl die Burg als auch die Stadt ein. Die Festung nimmt etwa ein Sechstel der Stadtfläche ein und nutzt zu ihrer Befestigung im Osten und Süden die Stadtmauer. Mit einer Seitenlänge von etwa 310 mal 260 Meter umschließt sie eine Fläche von 7,1 Hektar. Die Eckpunkte der Anlage werden durch den Rhein- oder St. Petersturm, den Krötschenturm, den Mühlenturm und den Schlossturm (Eisbrecher) gebildet. Der Rhein- oder St. Petersturm an der Nordostecke hat einen quadratischen Grundriss mit 9,5 Meter Seitenlänge. Er diente der Zollabfertigung. Das 1383 datierte Stifterrelief an seiner Nordwand zeigt Erzbischof Friedrich III. von Saarwerden vor dem Hl. Petrus. Vom abgebrochenen Westtor wurde eine Steinmadonna (um 1400) hier angebracht. Die Befestigungsmauer ist mit achteckigen, auf Konsolen auskragenden Wachhäuschen besetzt. Bis 1909 war die Mühle auf dem Mühlenturm im Südwesten der Befestigung in Betrieb.

Südturm der Burg Friedestrom

Inneres der Burganlage

Die eigentliche Burg Friedestrom liegt im Südosten des Gevierts. Bis zur Veränderung des Flusslaufs lag sie unmittelbar am Rhein. Zu ihr gehören drei zweigeschossige Gebäude, das Herrenhaus aus dem 17. Jahrhundert, heute Kreismuseum, der viergeschossige Torturm mit auskragendem Wehrgang, Wurflöchern, Eckwarten und Zugbrückenblende. Außerdem der auf rundem Grundriss errichtete Juddeturm, benannt nach der Kölner Patrizierfamilie von Judde. Der schlanke Turm aus Backstein und Basalt mit auskragendem Wehrgang ist seit etwa 1600 mit einer geschweiften Haube mit Laterne gedeckt. Das 1983 rekonstruierte Feldtor, ein Doppeltor mit Wurflöchern und Eckwarten, ermöglichte seit dem Spätmittelalter einen unabhängigen Zugang zur Burg.

Rhein- oder St. Petersturm, Aquarell um 1925

Nach der Schlacht von Worringen geschleift

Ein Fronhof des Kölner Erzbischofs an dieser Stelle wurde erstmals im 11. Jahrhundert urkundlich erwähnt. Im 13. Jahrhundert wurde dieser Hof – wahrscheinlich unter Erzbischof Konrad von Hochstaden (1238–1261) – zur Burg ausgebaut. In der Schlacht bei Worringen unterlag 1288 der Kölner Erzbischof Siegfried von Westerburg, die Burg wurde daraufhin von den siegreichen Kölner Bürgern geschleift. 1372/73 verlegte Erzbischof Friedrich III. von Saarwerden den Rheinzoll von Neuss nach Zons und ließ dazu die Burg Friedestrom errichten. Gleichzeitig wurde das Dorf Zons zur Stadt erhoben. Die 1377 fertig gestellte Burg diente dem Erzbischof und Kurfürsten als zeitweilige Residenz. Seit 1388 ist sie in die gesamte Stadtbefestigung integriert. Burg und Stadt wurden im Zuge verschiedener Kriege dreimal verwüstet. Der Rheinzoll wurde 1767 aufgehoben. Nach 1802 nutzte man die weitgehend verfallene Burg als Gutshof. Auf dem Platz des ehemaligen Westflügels wurde eine Scheune errichtet und der Nordflügel umgebaut. Der Kreis Neuss kaufte das Gebäude 1962 und richtete darin ein Museum, das Kreisarchiv und ein internationales Mundartarchiv ein. 1975 erfolgte eine Eingemeindung der Stadt Zons nach Dormagen. 1994 wurde in der Burg ein Kulturzentrum eröffnet.

Informationen

Burg Friedestrom, Schlossstraße 1,
41541 Dormagen-Zons

Anfahrt: mit dem Auto auf der A 57 bis zur Ausfahrt Dormagen/Zons

Ein kurzlebiges und ein langlebiges Denkmal

Cornelius de Greiff (1781–1863) war ein erfolgreicher Geschäftsmann. Im Laufe seines Lebens hatte er ein beträchtliches Vermögen erworben. In seinem Testament vermachte er der Stadt Krefeld eine Schenkung in Höhe von 466 000 Talern für wohltätige und gemeinnützige Zwecke. Die Stadt beschloss daher, dem „Wohltäter der Stadt“ ein Denkmal zu setzen, die so genannte „Cornelius-de-Greiff-Säule“, die am 22.08.1865 enthüllt wurde. Sie stand auf dem Mittelstreifen des Ostwalls. Im Verlauf des Zweiten Weltkrieges erhielt das Denkmal bei einem Luftangriff am 21.06.1943 einen Volltreffer und wurde fast vollständig zerstört, nur der Säulenschaft aus schlesischem Marmor ist erhalten geblieben. Heute erinnert noch die De-Greiff-Straße an den einstigen „Wohltäter der Stadt“, vor allem aber das Greiffenhorstschlösschen, das der Geschäftsmann sich zu Lebzeiten errichten ließ.

De Greiff-Säule von Anton Heyden am Ostwall, eingeweiht am 22.8.1865, zerstört im Zweiten Weltkrieg

Haus Greiffenhorst in Krefeld-Linn

Das Gartenschlösschen Greiffenhorst liegt in einem Landschaftspark in unmittelbarer Nähe der Burg Linn. Der Seidenhändler Cornelius de Greiff ließ es sich 1838 bis 1843 erbauen. Die Pläne stammten vermutlich von Landbauinspektor Otto von Gloeden aus Düsseldorf.

Beim ersten Anblick wirkt die Struktur dieses klassizistischen Hauses leicht verwirrend. Vor- und Rücksprünge sowie Balkone lassen seine Struktur nicht auf Anhieb erkennen. Dem Haus liegt aber ein einfaches System zugrunde: An den dreigeschossigen Kern, der auf achteckigem Grundriss errichtet ist, schließen

Das achteckige Gartenschlösschen Greiffenhorst, 1838–1843 erbaut

sich kreuzförmig vier zweigeschossige Flügel auf quadratischen Grundrissen an. Das dritte Geschoss des Zentralbaus wirkt dadurch wie ein Turm. Die Dachterrassen der Flügelbauten sind mit Balkonen auf Konsolgesimsen vor den dazwischen liegenden Seiten des Oktogons miteinander verbunden. Dadurch entsteht ein geschlossener Umgang. Schmiedeeiserne Gitter umschließen die Terrassen über dem zweiten und die auf dem dritten Geschoss. Obwohl es erst in der ersten Hälfte des 19. Jahrhunderts entstand, folgt dieses Gartenschlösschen einem Bautyp des Turmbelvedere aus dem späten 18. Jahrhundert. Durch die Vor- und Rücksprünge der einzelnen Bauglieder bilden sich Positiv- und Negativformen, die das Haus äußerst belebt wirken lassen. Alle Bauteile folgen den Proportionen des Goldenen Schnitts.

Parkanlage mit Ruine und Lustschloss

Cornelius de Greiff kaufte zunächst 1806 die Ruine der benachbarten Burg Linn samt dem umliegenden Gelände. Die Ruine bildete den Höhepunkt des romantischen Landschaftsgartens, den de Greiff durch den Düsseldorfer Hofgärtner Maximilian Friedrich Weyhe anlegen ließ. Der Garten folgt dem Linner Mühlenbach und bietet dem Besucher ständig wechselnde Ausblicke. Die zu beiden Seiten des Baches verlaufenden Wege sind durch mehrere Brücken miteinander verbunden. 1843 wurde das achteckige Schlösschen fertig gestellt.

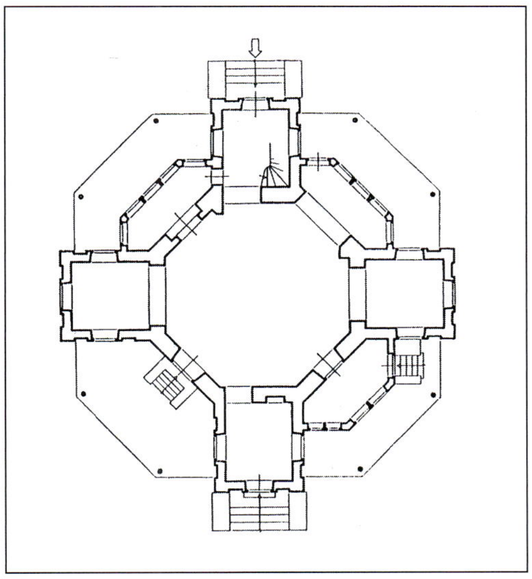

Grundriss

1924 erwarb die Stadt Krefeld das Haus und verpachtete es. Haus Greiffenhorst wurde zu einem beliebten Café. Den Zweiten Weltkrieg überstand das Haus schadlos, verfiel aber in den Nachkriegsjahren trotz einer ersten Sanierung im Jahr 1953 zusehends. Erst 1971 bis 1974 engagierte sich der Krefelder Kunstverein für das Gebäude und machte es für Kunstausstellungen nutzbar. Im Rahmen der dezentralen Landesgartenschau 2002 wurde der Landschaftspark von seinen Verwilderungen befreit, die Gräben entschlammt und fünf neue Brücken gebaut.

Der Goldene Schnitt

Als „Goldenen Schnitt" bezeichnet man die Teilung einer Strecke in zwei Abschnitte in der Weise, dass sich der kleinere Abschnitt zum größeren wie der größere zur gesamten Strecke verhält.
Zum ersten Mal wird der Sachverhalt von Euklid (um 300 v. Chr.) schriftlich festgehalten. Er umschreibt den Goldenen Schnitt in seiner Schrift „Elemente" mit „Teilung nach dem äußeren und mittleren Verhältnis" und erklärt ihn mit Hilfe von Flächenanlegungen. Der Italiener Pacioli führte im 16. Jahrhundert die Bezeichnung „divina proportio", also „göttliches Verhältnis", ein. Im 19. Jahrhundert wurde der Goldene Schnitt, beeinflusst von der Romantik, auch in der Natur gesucht. Der Mythos vom vollkommenen Verhältnis hat sich bis in unsere Zeit erhalten. Es gibt Versuche, ihn in der Natur, der Mathematik, der Geometrie, der Astronomie, der Biologie, der Malerei, der Skulptur, der Literatur, der Musik und der Architektur zu finden. Der Grund seiner eigentlichen Anziehungskraft ist aber bis heute ungeklärt.

Informationen

Haus Greiffenhorst, Greiffenhorst 1,
47809 Krefeld

Anfahrt: mit dem Auto über die A 57, Ausfahrt Krefeld-Linn.
Mit der Straßenbahn 044 vom Hauptbahnhof Krefeld Richtung Rheinhafen, Haltestelle Burg Linn

Ein mäßiger Zar

Als der russische Zar Alexander I. nach der Verbannung Napoleons nach Elba von seiner Siegesfeier in Paris zurückreiste, nahm er einen Umweg über das niederländische Zaandam, um seines berühmten Vorgängers Zar Peter I. zu gedenken und dessen ehemaligen Arbeitsplatz als Zimmermann in einer Werft zu besichtigen. Auf dieser Rückreise vermied er es, durch das festlich geschmückte Kleve zu reisen und verschmähte auch das beim Baron von Spaen zu Belle-Vue vorbereitete Mahl. Das „Journal für den Nieder- und Mittelrhein" berichtete über den Besuch des Zaren auf Schloss Haag am 5. Juli 1814: „In Geldern kamen Ihre Kaiserliche Majestät abends 9.00 Uhr an und stiegen auf dem nahe dabei gelegenen Schlosse Haag bei dem Herrn Grafen von Hoensbruk ab, unterhielten sich sehr gnädig mit allen Anwesenden, liebkosten die kleinen Kinder des Hausbesitzers und beschenkten die Gemahlin desselben mit einem kaiserlich schönen Andenken. (...) Sie nahmen von allen dargebotenen Sachen nur ein Glas Milch mit Wasser an, ließen sich ein einfaches Lager bereiten und reisten erst um 8.00 Uhr auf Köln ab."

Schloss Haag in Geldern-Kapellen

Schloss Haag liegt nördlich von Geldern in der Bruchniederung der Niers. Obwohl nur noch ein Teil der ehemaligen Burganlage vorhanden ist, wirkt der Rest noch immer imposant und seinerseits wie eine vollständige Burg. Von der gesamten Anlage sind nur noch die in einer Achse liegenden beiden Vorburgen erhalten. An der Stelle, an der ehemals die Hauptburg lag, befindet sich heute eine Grünfläche. Die Türme der inneren Vorburg und die noch erhaltenen Abschnitte der ehemaligen Umfassungsmauer gehören zu den ältesten Teilen der ehemals wesentlich größeren Burganlage. Sie stammen mit großer Wahrscheinlichkeit aus der zweiten Hälfte des 15. Jahrhunderts. Der 1964 restaurierte Wehrgang schließt an den Torturm auf quadratischem Grundriss an. Durch den im 14. Jahrhundert gebauten Turm erfolgte ursprünglich der Zugang zur Burg. An diese Bauten wurden 1686 bis 1688 Wirtschaftsflügel angebaut. Im Nordflügel befinden sich lange schmale Schlitzscharten, an deren Innenseiten sich Prellhölzer zur Verankerung von Hakenbüchsen erhalten haben. Zur selben Zeit (1688) entstand die hufeisenförmige äußere Vorburg. Die innere Vorburg mit den beiden noch erhaltenen Rundtürmen mit ihren geknickten spitzen Helmen stammt noch aus dem 15. Jahrhundert. Ihre Konzeption ist mit der Burg Vondern bei Oberhausen vergleichbar. Die Türme flankieren das Hauptportal. In dessen Giebelfeld, das auf Halbsäulen ruht, ist das Wappen des Arnold-Adrian von Hoensbroech und seiner Frau Katharina von Bocholtz zu sehen.

Das barocke Haupthaus, erbaut 1662 bis 1664, war ein zweigeschossiges Gebäude mit zwei Risaliten an der Hofseite. 1876/77 war es nach Plänen von Vincenz Statz aufgestockt und im Stil der Neugotik verändert worden. Es wurde zusammen mit der einschiffigen Schlosskapelle, die 1902 nach Entwürfen des Gelderner Baumeisters Johann Elsemann gebaut worden war, 1945 zerstört.

Toreinfahrt zur Vorburg

Vorburg von Schloss Haag

Haag, von Wäldern umgeben

Das Wort „Haag“ (Haeg) bezeichnet ein mit Bäumen bestandenes Gelände, ein Gehölz. Zum Wortfeld gehört auch das Wort „Gehege“. Bis heute ist Schloss Haag von Wäldern umgeben. Früher nannte man es auch „das Schloss in gen Haag“.

Schloss Haag vor 1945

Zwei Höfe „in gheen Hage“

Eine erste Nennung eines Hofes Haag erfolgte 1331. Er war als Lehen des Grafen von Kleve im Besitz des Konrad von Issum. Spätestens 1351 waren zwei Höfe „in gheen Hage“ im Besitz der Brüder Wilhelm und Johan von Boedberg. Als Bestandteil des Gerichts Kapellen kamen die Höfe 1382 zum Amtsbezirk Geldern innerhalb der Grafschaft Geldern. Geldrische Soldaten, die im Schloss einquartiert waren, plünderten es 1584 und brannten die Vorburg nieder. Drei Jahre später bat der Besitzer Johan von Boedberg (ein Enkel des oben genannten Johan), da seine Burg zu einem Raubritternest geworden war, den in spanischen Diensten stehenden Alexander Farnese um die Schleifung seiner eigenen Burg. 1613 kam der Besitz durch Erbfolge an die Familie von Hoensbroech. Erst 1662 bis 1664 wurde die Burg im Auftrag von Arnold-Adrian Freiherr von und zu Hoensbroech neu erbaut. 1688 entstand die äußere, hufeisenförmige Vorburg, die heute Wohnzwecken dient. Bei Bombenangriffen der Alliierten während des Zweiten Weltkriegs wurde das Hauptschloss 1945 zerstört. In Nebengebäuden wohnt bis heute die Familie von Hoensbroech. Seit 1999 befindet sich in der Vorburg ein Golfclub.

Informationen

Schloss Haag, Bartelter Weg 4,
47608 Geldern

Anfahrt: mit dem Auto über die A 57 bis zur Ausfahrt Alpen, dann über die B 58 Richtung Issum/Geldern.
Über die A 40 bis zur Ausfahrt Kerken, dann über die B 9 Richtung Geldern, in Geldern Richtung St.-Clemen-Hospital/Gelderland-Klinik, dann der Beschilderung Schloss Haag folgen.
Über die A 61 bis zur Ausfahrt Straelen, dann Richtung Straelen/Geldern, dort Richtung Kapellen, nach ca. 1,5 km rechts abbiegen

Eine wahre Lust, ein rechtes Leben!

„Obschon jetzt bei der Errichtung des neuen Locals die hiesige Akademie mehr Räume hat als die in München, so ist doch Alles überfüllt und das ganze ist eine große Werkstätte, wo Aufträge aller Art ausgeführt werden. Die Sache hat hier einen unglaublichen Segen. (...) Dem edeln Beispiele des Minister Stein folgend beeifert sich der hiesige Adel seine Landhäuser mit Frescomalereien ausschmücken zu lassen; nur in der Nähe von Düsseldorf werden 4, sage vier große Werke unternommen von den edeln Familien v. Stein, v. Plessen, v. Spee, v. Hompesch. Es ist eine wahre Lust, ein rechtes Leben!"
So berichtete es der frisch zum Leiter der Düsseldorfer Akademie berufene Maler Peter Cornelius 1824 seinem in München verbliebenen Malerkollegen Schlottauer. Die Lust dauerte allerdings nicht lange. Schon 1826 zog es Cornelius zurück nach München.

Gartensaal des Schlosses

Heinrich Mücke: Kniefall Heinrichs des Löwen, um 1833

Schloss Heltorf in Düsseldorf-Angermund

Schloss Heltorf liegt in einem Landschaftspark zwischen Duisburg-Rahm und Düsseldorf-Angermund. Nach Zerstörungen im Dreißigjährigen Krieg wurde das Herrenhaus 1669 umgestaltet. Das frei im Wasser stehende zweigeschossige Haus auf quadratischem Grundriss flankierten an allen Ecken Türme mit geschweiften Hauben.
Dem Herrenhaus ist eine barocke dreiflügelige Vorburg mit Ecktürmen und zentralem Torturm vorgelagert, die 1780 zuletzt umgebaut wurde. Geschweifte Turmhauben machen die 1693 bis 1696 gebaute Vorburg zu einem imposanten Entrée. Am prächtigen Portal des Torturms tragen Löwen über der Jahreszahl 1693 das Ehewappen der Erbauer Spee/von Loë.

Das 1822–1827 nach Plänen von Heinrich Theodor Freyse umgebaute Schloss Heltorf

Carl Stürmer: Versöhnung Barbarossas mit Papst Alexander III., 1825/26

Im frühen 19. Jahrhundert wurde die Wasserburg durch das jetzige dreigeschossige Gebäude mit zwei zweigeschossigen Seitentrakten ersetzt. Architekt der von 1822 bis 1827 vorgenommenen Umgestaltung in klassizistischem Stil war der Essener Baumeister Heinrich Theodor Freyse, sein Auftraggeber Franz Joseph Anton Graf von Spee. Auf dem flachen Walmdach des dreigeschossigen Gebäudes befindet sich ein rundes Belvedere. Die Schlosskapelle wurde 1854 in neuromanischen Formen gebaut und ausgestattet. Kapelle und Vorburg sind durch einen neubarocken Trakt miteinander verbunden. Das turmartige Bibliotheksgebäude neben dem Herrenhaus, ein achteckiger Backsteinbau in neugotischem Stil, wurde 1862, wahrscheinlich nach Plänen des Kölner Dombaumeisters Vincenz Statz, gebaut. Statz hatte 1854 im Anschluss an den östlichen Seitenflügel auch die Schlosskapelle entworfen, die nach Kriegsschäden 1951 bis 1953 weitgehend erneuert wurde.
Der Schlosspark wurde 1796 auf Anregung des aus Frankreich emigrierten Abbés Biarelle im Stil eines Englischen Gartens angelegt. Von 1803 an war Maximilian Friedrich Weyhe für die Gestaltung verantwortlich. Zahlreiche Gewächse dieser ersten Konzeption, so ein 1799 gepflanzter Tulpenbaum, sind bis heute erhalten. 1808 erwarb Franz Joseph Anton Graf von Spee den Baumpark des 1803 säkularisierten Stiftes Vilich hinzu und vergrößerte den Park damit auf 54 Hektar. 1860 wurden zwei große Teiche angelegt. Die zwischen 1830 und 1840 gepflanzten Rhododendren gehören zu den ältesten Gewächsen dieser Art, die in Deutschland zu finden sind. Der Park enthält heute mehr als 20 Eichenarten, über 180 Jahre alte Buchengruppen, eine Allee chinesischer Goldlärchen und weitere 600 Baumarten und -sorten.
Das Besondere dieses Schlosses ist die Ausstattung des Gartensaals mit Wandbildern der Düsseldorfer Malerschule im 19. Jahrhundert. Zwischen 1825 und 1841 brachten dort im Auftrag von Franz Joseph Anton Graf von Spee Professoren und Schüler der Düsseldorfer Akademie Wandgemälde mit Szenen aus dem Leben des Kaisers Friedrich I. Barbarossa an. Die Malereien wurden unter der Leitung von Peter Cornelius begonnen und von Schülern Wilhelm Schadows vollendet. Neben den Fresken von Alfred Rethel im Aachener Rathaus sind dies die einzigen erhaltenen monumentalen Historiengemälde am Niederrhein.

Ehemals Hof Helethorpe

Schloss Heltorf wurde im 11. Jahrhundert als Hof Helethorpe im Rentenverzeichnis des Stifts Kaiserswerth genannt, im Besitz der danach sich nennenden Herren von Heltorf. Thomas von Lohausen, gen. Troisdorf erwarb es 1360. Durch Erbteilung (1583) und Heirat kam das Anwesen um 1649 in den Besitz der Grafen von Spee, die es bis heute bewohnen.

Die Fresken der Düsseldorfer Malerschule

Die 2,5 Meter hohen Hauptbilder der Fresken im Gartensaal sind so angelegt, als handele es sich um vor der Wand hängende Bildteppiche. Das Bildprogramm entspricht einer Verherrlichung des Rittertums, wie sie kurz zuvor (1823 und 1825) der Historiker Friedrich von Raumer in seinem Buch „Geschichte der Hohenstaufen und ihrer Zeit“ vorbereitet hatte. Die historischen Begebenheiten werden in diesen Bildern allerdings der politisch korrekten Sichtweise des 19. Jahrhunderts angepasst. So wird etwa die Demütigung des Kaisers Heinrich vor dem Papst zu einem Bruderkuss. Auch Graf Spee war an einer Versöhnung der preußischen Regierung mit der katholischen Kirche im Rheinland interessiert, die mit der mehrjährigen Inhaftierung des Kölner Bischofs allerdings einen herben Rückschlag erlitt. Als Bekenntnis des Auftraggebers zur katholischen Kirche ist ein Portrait des Kölner Erzbischofs Clemens August Droste zu Vischering in Mückes Bild „Krönung Friedrich Barbarossas“ zu verstehen. Vischering war auf Anweisung der preußischen Regierung im Zuge des Kölner Kirchenstreits 1837 bis 1839 in Festungshaft genommen worden. Mücke fügte das Portrait seinem Fresko im Auftrag des Grafen Spee nachträglich ein. Da die Maler sich gegenseitig Modell standen, findet man u.a. in Mückes Bild vom Kniefall Wilhelm Schadow als Patrizier in pelzgefüttertem Rock.

Die Künstler und ihre Bilder:

Carl Stürmer: Versöhnung Barbarossas mit Papst Alexander III. (1825/26).
Heinrich Mücke: Krönung Barbarossas, Unterwerfung der Mailänder (1833), Kniefall Heinrichs des Löwen.
Carl Friedrich Lessing: Schlacht bei Iconium.
Hermann Plüddemann: Bergung der Leiche Barbarossas.
Lessing/Plüddemann: Erstürmung von Iconium.

Informationen

Schloss Heltorf, Heltorfer Schlossallee 100, 40489 Düsseldorf-Angermund

Das Schloss ist bewohnt und daher nur in Ausnahmefällen zu besichtigen. Der Park ist von Mai bis Oktober an den Wochenenden zugänglich.

Anfahrt: mit dem Auto über die A 524 bis zur Ausfahrt Angermund, vom Ortszentrum aus der Beschilderung Schloss Heltorf folgen

Kanonen für den rechten Glauben

Der Kölner Erzbischof Gebhard Truchsess von Waldenburg hatte sich zugunsten seiner Geliebten, der protestantischen Stiftsdame Agnes von Mansfeld, der Reformation angeschlossen. Wenig später heiratete er Agnes. Etwas Druck mit den Spitzen ihrer Lanzen hatten dabei die Brüder von Agnes ausgeübt. Zwangsläufig wurde der Bischof von seinem Amt enthoben und exkommuniziert. Als Landesherr gehörte ihm natürlich weiterhin die Burg Hülchrath, auf die er sich 1583 mit seiner schönen und jungen Frau zurückzog. Die Mauern der Burg boten ihm so lange Schutz, bis Herzog Friedrich von Sachsen-Lauenburg im Auftrag des Kaisers Rudolf II. von Habsburg Kanonen anrücken und die Wohngebäude in Schutt und Asche legen ließ. Der Truchsess aber konnte zuvor zusammen mit seiner Frau durch einen Geheimgang fliehen.

Burg Hülchrath in Grevenbroich-Hülchrath

Burg und Ort Hülchrath liegen in den Niederungen des Gillbachs, wobei die Burg auf einer kleinen Erhebung errichtet wurde. Zur Stadtseite hin (nach Osten) ist ihr, getrennt durch einen Wassergraben, eine unregelmäßige Vorburg vorgelagert. Ein Großteil der mittelalterlichen Bauten hat sich wegen veränderter politischer Verhältnisse bis heute erhalten und veranschaulicht – in romantischer Interpretation – die Funktion einer kurkölnischen Landesburg.
Aus dem 14. Jahrhundert ist der 64 Meter hohe Bergfried auf quadratischem Grundriss erhalten. Der fünfgeschossige Turm wurde aus Basalt und Tuff errichtet. Das Wehrganggeschoss mit vier achtseitigen Ecktürmchen ist mit einem spitzen Pyramidendach gedeckt. Es ruht auf einem Rundbogenfries auf Kragsteinen aus Trachyt. Zum Bau dieses Wehrgangs (nach 1349) wurden jüdische Grabsteine aus Köln verwendet. Ebenfalls aus dem 14. Jahrhundert stammen die nördliche Mauer der Hauptburg, die Ruine des Palas, mehrere Gebäude der Vorburg, die ebenfalls aus Basalt und Tuff gebaute Ringmauer mit vier halbrunden Türmen und einem Wehrgang auf Blendbögen sowie der ehemalige Torturm. Der halbrunde Bastionsturm östlich des Bergfrieds wurde 1608 gebaut. Auch sein Mauerwerk besteht aus gleichmäßigen Schichten von Tuff und Basalt.
Die übrigen Bauteile wurden bei der Schleifung der Burg 1688 abgebrochen. Erst 1907 wurde das Hochschloss errichtet und die ganze Burg behutsam in spätromantischem Stil umgestaltet.
Die Vorburg stammt abgesehen vom mittelalterlichen Torturm als ihrem südlichsten Gebäude in ihrer jetzigen Form aus dem 17. Jahrhundert. Als typischer gotischer Torturm sind an ihm alle Bauelemente dieser Zeit zu finden: Ein spitzbogi-

Zeichnung von Ludwig Arntz, 1892

1907 erfolgte der romantische Ausbau der Burg

Gouache-Gemälde von F. A. Reuter, 1795

ges Portal, umrahmt von einer hohen rechteckigen Blende, in der ursprünglich ein Fallgatter eingelassen war, Trachytsteine als Eckquader, ein vorkragender Wurferker sowie Ecktürmchen, von denen allerdings nur die Konsolsteine erhalten sind.
Keiner der Bauten, die im Rahmen des Ausbaus im 16. Jahrhundert im Renaissancestil errichtet wurden, hat sich erhalten.

Kurkölnische Landesburg

Wahrscheinlich schon im 10. Jahrhundert durch den Gaugrafen des Gillgaus gegründet, wurde die ursprüngliche Motte 1120 zu einem runden (genauer einem sechzehneckigen) Kastell ausgebaut. Zusammen mit der umliegenden Ortschaft wurde sie 1206 zur Stadt erhoben. Nach dem Aussterben der Grafen von Hülchrath gelangte sie 1175 in den Besitz der Grafen von Sayn, 1247 der Grafen von Sponheim. 1314 erwarb der Kölner Erzbischof Heinrich von Virneburg die Anlage mit der dazugehörenden Grafschaft von Dietrich Luv von Kleve. Sie wurde 1323 neben Zülpich, Lechenich, Linn, Kempen und Zons zur kurkölnischen Landesburg. Gegen Ende des 14. Jahrhunderts ließ sie sein Nachfolger Friedrich von Saarwerden zur Festung gegen Jülich ausbauen. 1583 im Truchsessischen Krieg stark beschädigt, wurde die Anlage 1588 geschleift. 1608 erfolgte der Wiederaufbau von Burg und Ort. Nach einer Niederlage im Niederländisch-französischen Krieg 1687 mussten die wehrtechnischen Teile der Burg 1688 entfernt werden. Sie verfiel daraufhin zur Ruine. 1803 wurde diese Ruine von der französischen Regierung an Familie von Pröpper verkauft. Graf Rudolf von Benningsen ließ sie 1907 ausbauen und unter anderem das Hochschloss neu errichten. Seit 1954 gehört die Burg Familie Wennmacher aus Mönchengladbach.

Die Paretzer Bilder von Burg Hülchrath

In vier Gouache-Gemälden hielt der Maler F. A. Reuter 1795 den für das romantische Empfinden so reizvollen Zustand der Burg Hülchrath als Teilruine fest. Die Bilder zeigen detailliert den Bauzustand der Burg mit den Resten der Renaissancezeit, die beim Ausbau im 20. Jahrhundert entfernt wurden. Die Bilder befanden sich vor dem Zweiten Weltkrieg im Schloss Paretz bei Potsdam und sind seitdem verschollen.

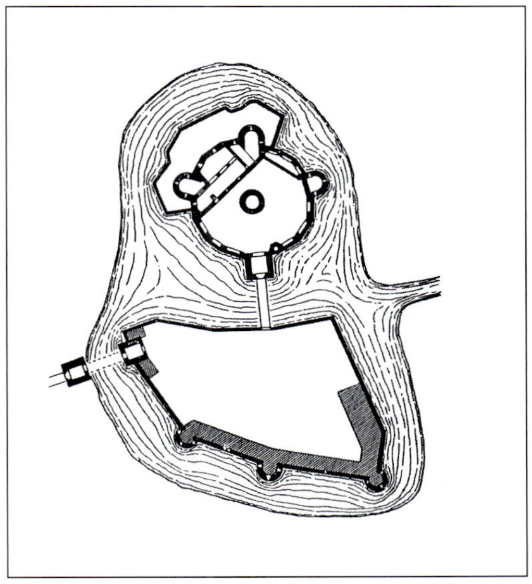

Grundriss

Informationen

Burg Hülchrath, Am Zolltor, 41516 Grevenbroich-Hülchrath

Burg Hülchrath ist privat bewohnt und kann außer im Bereich der Vorburg nicht besichtigt werden. Für geschlossene Veranstaltungen ist die Burg allerdings zu mieten.

Anfahrt: mit dem Auto über die A 46 bis zur Ausfahrt Neuss-Kapellen, dort nach Süden über Wevelinghoven nach Hülchrath

Wat is en Dampfmaschin?

„Wo simmer denn dran? Aha, heute krieje mer de Dampfmaschin. Also, wat is en Dampfmaschin? Da stelle mer uns janz dumm. Und da sage mer so: En Dampfmaschin, dat is ene jroß schwarze Raum, der hat hinten un vorn e Loch. Dat eine Loch, dat is de Feuerung. Und dat andere Loch, dat krieje mer späer." In der Rolle des Professor Bömmel in der Verfilmung von Heinrich Spoerls Komödie „Die Feuerzangenbowle" (1944) wurde der Düsseldorfer Schauspieler Paul Henkels einem breiten Publikum bekannt. Hinter dieser und der Rolle des Dr. Pudlich in drei Filmen der Serie „Die Mädels vom Immenhof" (1955–1957) geriet seine Paraderolle als Schneider Wibbel im Bühnenstück von Hans Möller Schlösser beinahe in Vergessenheit. Paul Henkels verbrachte seine letzten Lebensjahre auf Schloss Hugenpoet, wo er am 27.5.1967 starb.

Die Renaissance-Kamine aus Schloss Horst

Der Lot-Kamin in der Eingangshalle: Zwischen allegorischen Rahmenfiguren, in denen die Früchte der alten und der neuen Welt dargestellt sind, wird im Sturz in vier Szenen die alttestamentarische Geschichte Lots erzählt: Lot bittet Engel in sein Haus, Lot verteidigt die Engel gegen das Volk Sodoms, Gottes Strafgericht über Sodom. Lot verlässt dabei mit seinen Töchtern die brennende Stadt, seine Frau ist bereits zur Salzsäule erstarrt. Das vierte Relief zeigt Lot, der mit seinen Töchtern die Nachkommen Moab und Ammon zeugt.
Der Kain und Abel-Kamin im Kaminzimmer (1560): Im Zentralrelief, gerahmt von Karyatiden, sieht man die Beweinung des toten Abel durch seine Eltern und Geschwister. Kain flüchtet im Hintergrund. Die szenische Darstellung wird begleitet von zwei Figuren in flachen Nischen, links die personifizierte Hoffnung (Spes), rechts Moses mit den Gesetzestafeln. An der linken Seitenfront ist links Judith mit dem abgeschlagenen Haupt des Holophernes zu sehen, an der rechten Aaron, der Bruder des Moses. In der darunter liegenden Sturzzone wird die Geschichte des Königs Achab, seiner Frau Isebel und deren Nachbarn Nabot erzählt. Nabot wird nach falscher Anklage Isebels gesteinigt, aber auch sie selbst muss für diese Tat mit ihrem Leben bezahlen.

Schloss Hugenpoet in Essen-Kettwig

Schloss Hugenpoet liegt in den Ruhrniederungen südwestlich von Kettwig. Sein Name wird auf die regionale Bedeutung der Wörter Hugen = Kröte und Poet = Pfütze zurückgeführt.
Zwei Wirtschaftshöfe muss man durchschreiten, um das Herrenhaus zu erreichen. Beide Wirtschaftshöfe waren ursprünglich von Wassergräben umgeben. Heute sind sie mit dem Herrenhaus durch steinerne Brücken verbunden. Das zweigeschossige Hauptgebäude ist ein konsequenter Rechteckbau mit eingezogenen Türmen an seinen nördlichen Ecken. Die Türme tragen geschweifte Hauben mit Laternen. Sie wurden in den 1970er Jahren ohne historisches Vorbild nach einem eigenwilligen Verständnis von Denkmalpflege aufgesetzt. Durch sein Walmdach wirkt der zwischen den Türmen liegende Baukörper besonders kompakt. Die horizontale Gliederung des Backsteinbaus durch Bänder aus Sandstein, so genannten „Specklagen", war zur Zeit der Renaissance ein beliebtes Gestaltungsmittel. Der ganze Bau erinnert an niederländische Schlösser des 17. Jahrhunderts. Das 1696 fertig gestellte frei stehende Portal führt in das großzügige Treppenhaus aus schwarzem Marmor.

Schloss Hugenpoet von Südwesten

Troja-Kamin. Zerstörung Trojas durch die Griechen

Kain und Abel-Kamin. Nabot wird gesteinigt

Lot-Kamin. Lot und seine Töchter

Der Troja-Kamin im Grünen Salon (1578): In der Sturzzone sind Szenen des Trojanischen Kriegs dargestellt, beginnend auf der linken Seitenfläche mit dem Urteil des Paris. Aphrodite, begleitet von Eros, Hermes und einem Genius mit Lorbeerkranz, erhält von Paris den goldenen Apfel. Auf der Vorderseite links ist der Raub Helenas durch Paris und die Trojaner zu sehen, rechts die Zerstörung Trojas durch die Griechen, Folge dieses Raubs nach zehnjährigem Krieg. Die rechte Seitenfläche der Sturzzone zeigt die Schlussszene aus der babylonischen Erzählung von Pyramus und Thisbe. Thisbe ist im Begriff, sich wegen des tödlich verwundeten Pyramus in das aufgerichtete Schwert zu stürzen. Über dem Sturz ist in einer großen Nische, flankiert von Doppelhermen und von einem flachen Giebel gedeckt, ein römischer Reiter auf einem sich aufbäumenden Pferd zu sehen. Es erschreckt sich vor der vor ihm aufschießenden Flamme. Es handelt sich um eine Darstellung des sagenhaften römischen Helden Marcus Curtius. Er folgte einem Orakelspruch und warf sich während des Krieges gegen die Sabiner samt seinem Pferd in einen brodelnden Felsspalt. Dadurch sicherte er – das hatte ihm das Orakel versprochen – seinem Volk den Sieg. Das Hauptbild wird begleitet von Figuren des Kriegsgottes Ares und der Zeustochter Athene.

Nach dem Kauf durch die Familie von Fürstenberg 1831 wurde das Schloss in der ersten Hälfte des 19. Jahrhunderts nach Plänen des Architekten August Lange umgestaltet. Dabei wurden die vorhandenen Kreuzstockfenster entfernt. Nach 1880 kamen drei Kamine aus der Renaissancezeit vom baufälligen Schloss Horst in Gelsenkirchen, das auch im Besitz der Familie von Fürstenberg war, hierher. Alle Kamine sind aus Baumberger Sandstein gestaltet. Ihre Reliefs erzählen abenteuerliche Geschichten aus dem Alten Testament und der griechischen Mythologie – Mord, Intrigen und Totschlag –, die zur Unterhaltung an langen Kaminabenden anregen und zur moralischen Erbauung dienen.
Aus dem abgebrochenen Schloss Horst stammen auch eiserne Ofenplatten (1561 und 1663) in der Durchfahrt zur inneren Vorburg.
1831 bis 1842 wurde das Hauptgebäude um zwei Meter aufgestockt und die zentrale Eingangsachse durch einen flachen Risalit mit vier dorischen Monumentalpilastern betont. Darüber entfaltet ein Schweifgiebel mit Muschelkalotten und Obelisken den gesamten Formenreichtum der Neorenaissance.

Ein Neubau von 1696

Das heutige Schloss Hugenpoet in den Ruhrauen wurde in den Jahren 1647 bis 1696 als völliger Neubau errichtet. Ein in der Nähe gelegener Vorgängerbau aus dem 13. Jahrhundert, ein Lehen der Abtei Werden, war 1633 vollständig zerstört worden. Auftraggeber des Neubaus war der Geheime Rat und Pfalz-Naumburgische Amtmann Johann Wilhelm von Nesselrode. Der Bau wurde unter der Leitung seines Sohnes Konstantin Erasmus von Nesselrode 1696 vollendet. 1831 kaufte Friedrich Leopold von Fürstenberg bei einer Zwangsversteigerung Schloss Hugenpoet. Seitdem ist es im Besitz der Familie von Fürstenberg. Ältere Ausstattungsgegenstände (u. a. die Kamine aus dem 16. Jahrhundert aus Schloss Horst) verleihen dem Bau den Eindruck einer schon länger bestehenden Tradition. Nach unterschiedlichen Nutzungen, u. a. als Nachkriegsdepot des Essener Museums Folkwang, befindet sich darin seit 1955 ein Hotelrestaurant.

Informationen

Schloss Hugenpoet, August-Thyssen-Straße 51, 45219 Essen-Kettwig

Anfahrt: mit dem Auto von Köln, Düsseldorf A 52 bzw. A 3 bis Kreuz Breitscheid, Ausfahrt Ratingen-Breitscheid, B 227 Richtung Velbert, dann Richtung Essen-Kettwig.
Mit dem Bus von Mülheim (Ruhr) aus mit der Linie 132, vom S-Bahnhof Essen-Kettwig (S 6) Mo–Sa mit der Buslinie 182, Haltestelle „Schloss Hugenpoet“

Goethe war nie in Schloss Jägerhof

Wenn Goethe in Schloss Jägerhof gewesen wäre, hätte sich darüber wohl irgendeine Notiz in seinen vielen Schriften finden lassen müssen. Da so eine Notiz bis heute nicht aufgetaucht ist, nehmen die Goetheforscher an, dass der Dichter Schloss Jägerhof wohlwollend zur Kenntnis nahm, aber keiner Erwähnung für nötig hielt. 1774 und 1792 hatte er die Brüder Friedrich Heinrich und Johann Georg Jacobi besucht, die gleich nebenan im damals selbstständigen Stadtteil Pempelfort wohnten. Das 1987 eröffnete Goethe-Museum in Schloss Jägerhof ist auf ein Schild „Hier weilte Goethe" allerdings nicht angewiesen. Zu Goethes Leben und Werk sind in diesem Museum rund 1000 Zeugnisse in chronologischer Folge ausgestellt. Zu sehen sind Erstausgaben einzelner Werke, umgeben von Entwurfsblättern und Briefen aus ihrer Entstehungszeit. Die Orte, an denen Goethes Werke entstanden sind, werden durch Städtebilder und Landschaftsansichten vor Augen geführt. Bildnisse des Dichters und seiner Freunde ergänzen die Präsentation. Kern des Museums ist die Privatsammlung von Anton Kippenberg (1874–1950), des ehemaligen Inhabers des Insel-Verlags.

Schloss Jägerhof in Düsseldorf

Das Schloss liegt am Ende der West-Ost-Achse des Düsseldorfer Hofgartens, der vor 1769 allerdings noch ein verwilderter Obstgarten war. Es wurde als Jagdhaus und Sitz des bergischen Oberjägermeisters errichtet. Mit dem Bau des Schlosses beauftragte Kurfürst Karl Theodor von der Pfalz den Aachener Rokoko-Baumeister Johann Joseph Couven. Der kurfürstliche Architekt Nicolas de Pigage veränderte Couvens Entwurf, um Kosten zu sparen.

Die Seitenflügel, die 1826 bis 1828 im Auftrag von Prinz Friedrich von Preußen nach einem Entwurf von Adolf von Vagedes gebaut worden waren, wurden 1910 abgebrochen.

Die mittleren drei Achsen des zweigeschossigen verputzten Baus sind an der Straßen- und an der Gartenseite jeweils durch einen zweieinhalbgeschossigen, rund aus der Fassade vortretenden Risalit betont. Durch Pilaster, Rundbogenfenster und einen Wappengiebel ist der Mittelrisalit zusätzlich hervorgehoben. Die Seitenrisalite in den äußeren beiden, eng nebeneinander liegenden Fensterachsen treten dagegen kaum vor. Der ganze Bau ist mit einem hohen Mansarddach gedeckt und steht in der Tradition französischer Garten- und Lustschlösser.

Das Schloss bietet einen angemessenen Rahmen für das Goethe-Museum Düsseldorf, dessen Grundstock die Anton-und Katharina-Kippenberg-Stiftung bildet. Als Leiter und Inhaber des in Leipzig ansässigen Insel-Verlags wurde Anton Kippenberg bekannt. Neben seiner verlegerischen Arbeit und schon als junger Buchhändler sammelte er Autographen, Briefe und andere Gegenstände von und zu Goethe. Seine Töchter gaben der Sammlung die Rechtsform einer Stiftung mit Sitz in Düsseldorf. Das Sammlungsprinzip entspricht Goethes Symbolbegriff: In einem Brief an Schiller am 16. August 1797 hatte Goethe von „eminenten Fällen" geschrieben, „die, in einer charakteristischen Mannigfaltigkeit, als Repräsentanten von vielen anderen dastehen". Die „eminenten Fälle", die im Düsseldorfer Goethe-Museum gezeigt werden, sollen über den einzelnen Anlass hinaus auch charakteristisch für den Geist Goethes und seiner Zeit sein.

Schloss Jägerhof im heutigen Zentrum Düsseldorfs

Der Gröne Jong, Skulptur von Joseph C. Hammerschmidt, 1900 geschaffen

Der Gröne Jong

Mitten im Hofgarten befindet sich ein Weiher, in dem Triton sitzt. Vor ihm sprüht eine dicke Fontäne in die Luft. Das ist der „Gröne Jong", der von den Düsseldorfern wegen seiner grünen Patina so genannt wird. Die Skulptur wurde im Jahr 1900 von Joseph C. Hammerschmidt geschaffen.
In der griechischen Mythologie ist Triton, Sohn des Poseidon und der Amphitrite, ein Mischwesen aus Mensch und Fisch/Delphin. Vorn ist er menschlich, seine Arme sind die eines Pferdes, den Hinterleib hat er wie ein Delphin oder Fisch. Er gilt deshalb als Meereskentaur (Ichtyokentaur).Triton blies auf einer Muschel und soll so die Giganten erschreckt haben. Wenn er auf seiner Muschel blies, brachte er das Meer in Wallung oder beruhigte es wieder. Er kam den Argonauten zu Hilfe und brachte sie aus der gefährlichen Syrtis wieder auf den Kurs nach Kreta. Zwischen Triton und Misenos kam es zu einem musikalischen Wettstreit, den Misenos gewann, worauf Triton den Misenos ins Meer stürzen und ertrinken ließ.

Ein Haus für Jägermeister, Großherzog, Prinz und Museumsstücke

Schloss Jägerhof wurde von 1752 bis 1763 gebaut. Bis 1795 war es Sitz des bergischen Oberjägermeisters, der das Jagdwesen leitete. 1796 plünderten es republikanische Truppen. Von 1806 bis 1808 war es Wohnsitz des von Napoleon eingesetzten Großherzogs von Berg, Joachim Murat, einem Schwager Napoleons. 1826 zog Prinz Friedrich von Preußen in das Schloss ein. Bis 1885 blieb es im Besitz der Hohenzollern, danach wurde es Sitz des kaiserlichen Generaladjutanten. 1909 erwarb die Stadt Düsseldorf das Schloss und den Schlossgarten und ließ die beiden Flügelbauten, die um 1,70 Meter über die neue Fluchtlinie der Jacobistraße hinausragten, 1910 abbrechen. Die 1910 errichtete Orangerie wurde 1943 zerstört. Starke Kriegszerstörungen erfuhr 1943 auch Schloss Jägerhof, das von 1950 bis 1954 nach Entwürfen von Helmut Hentrich und Hubert Petschnigg rekonstruiert und äußerlich in den barocken Zustand versetzt wurde. Es beherbergte zunächst die Kunstsammlung Nordrhein-Westfalen und ab 1987 das Goethe-Museum Düsseldorf.

Schloss Jägerhof mit Flügelbauten, Stahlstich 1845

Informationen

Schloss Jägerhof, Jacobistraße 2,
40211 Düsseldorf

Öffnungszeiten des Goethe-Museums:
Di–Fr und So 11–17 Uhr
und Sa 13-17 Uhr
Öffnungszeiten der Bibliothek und des Studiensaals:
Di–Fr 10–12 und 14–16 Uhr sowie nach Vereinbarung

Das Schloss liegt im Zentrum Düsseldorfs.

Der Wunsch Barbarossas

„O du Kleinod Kaiserswerth", schrieb Kaiser „Barbarossa" Friedrich I., bevor er 1189 zum dritten Kreuzzug aufbrach, „möchte uns, wenn wir drüben im Paradies anlangen, eine gleich freundliche und friedliche Stätte empfangen, wie du sie uns flüchtigen Erdenpilgern hier auf liebliche Weise bereitet hast."

Der Wunsch des Kaisers ging nicht in Erfüllung. Als ausdrückliches Machtsymbol am Ufer des Rheins errichtet, erlitt die stolze und mächtige Burg das Schicksal vieler Hoheitssymbole als ausdrücklichem Angriffsziel. Barbarossa selbst kehrte nicht von seinem Kreuzzug zurück.

Pfalz Kaiserswerth
in Düsseldorf-Kaiserswerth

Am rechten Rheinufer zwischen Düsseldorf und Duisburg haben sich imposante Reste der ehemaligen Pfalzanlage erhalten. Es sind vor allem die 50 Meter lange, 5,6 Meter starke und etwa 19 Meter hohe Westwand und Grundmauern einiger Gebäude im Norden und Süden. Alle Bauten, die östlich davon lagen, sind verloren, aber archäologisch nachzuweisen. Die Pfalz bildete ehemals ein dicht bebautes Rechteck mit einer Seitenlänge von 50,8 mal 30 Metern. Die ehemalige spätmittelalterliche Zugangssituation wird durch den rekonstruierten „Klevischen Turm" deutlich gemacht. Der Turm sicherte den Zugang zu der von einem Wassergraben umgebenen halbkreisförmigen Vorburg, durch die man wiederum über eine Brücke über einen Kanal hinweg in die Kernburg kam. Diese Vorburg war von einer Ringmauer aus Tuffquadern umschlossen. Der Zu-

Westwand des Palas von innen

gang erfolgte durch ein Doppelturmtor im Norden oder einen Schalenturm im Süden. Die staufische Kernburg ist aus Säulenbasalt, Tuff, Trachyt und großformatigen Backsteinen gebaut. Auffallend an dieser Pfalzanlage ist der – abgesehen von unterschiedlichen Steinsorten – völlige Verzicht auf Schmuckformen. In der erhaltenen Westwand an der Rheinseite liegt eine Treppe, die das Erdgeschoss mit den beiden Obergeschossen verband. Das zur Treppe führende Portal wurde 1908 erneuert. In dieser Wand befinden sich in zwei Ebenen schmale Rechteckfenster, deren Laibungen sich nach innen zu rundbogigen Fensternischen erweitern. Bei dem noch bis zu 9 Meter Höhe erhaltenen Zylinder aus Backstein und Tuff im südlichen Ruinenteil handelt es sich um eine einzigartige Filterzisterne, in der Regenwasser von den Dächern durch eine Sandfüllung gereinigt wurde. Im östlichen Teil der Kernburg befand sich eine ausgeklügelte Abortanlage mit einer zum Rhein hin sich entleerenden Sickergrube. Vom Hauptturm der Anlage, der mit 5 Meter dicken Mauern auf einem Grundriss von 17 mal 17 Metern insgesamt 55 Meter hoch aufragte, ist nichts erhalten. Königliche Repräsentationsräume befanden sich im zweiten Obergeschoss, im ersten die Wohnräume.

Die Kaiserpfalz liegt unmittelbar am Rhein

Kloster, Zollstelle, Pfalz

Kurz vor 700 teilte der fränkische Hausmeier Pippin II. dem Missionar Suitbert den Königshof Rinhusen auf einer rechtsrheinischen leichten Erhebung zu. Suitbert gründete dort ein Benediktinerkloster. 1045 ließ Kaiser Heinrich II. in der Nähe dieses Klosters eine Pfalz bauen, die erstmals 1101 urkundlich erwähnt wurde. 1174 wurde auf Anweisung Kaiser Friedrichs I. (Barbarossa) eine Rheinzollstelle in Thiel (heute in den Niederlanden) aufgehoben und stattdessen hier eingerichtet. Die Siedlung, die sich um diese Zollstelle bildete, wurde 1181 zur Freien Reichsstadt erhoben. Spätestens seit 1184 erfolgte dann der Ausbau der staufischen Pfalz. Kaiserswerth gehörte zu den bevorzugten Aufenthaltsorten des Kaisers. Graf Adolf von Berg nahm die Pfalz 1215 nach fünfmonatiger Belagerung ein. 1247 belagerte der zum Gegenkönig von Friedrich II. gewählte Graf Wilhelm von Holland die Pfalz ein Jahr lang und nahm sie schließlich ein. Später war sie im Besitz des Kölner Erzbischofs. 1689 wurde die Pfalz bei einer Belagerung der sich darin aufhaltenden Franzosen durch Friedrich III. von Brandenburg-Preußen stark beschädigt. 1702 wurde sie im Spanischen Erbfolgekrieg gesprengt, der Rest 1711 abgetragen und zur Uferbefestigung verwendet. 1848 teilte man das Pfalzgelände beim Bau eines Hochwasserdamms. Nach Ausgrabungen von 1899 bis 1909 wurde die Ruine bis 1908 gesichert. Weitere Sicherungen erfolgten 1968 bis 1975 und 1998 bis 2001.

Merian-Ansicht von Kaiserswerth um 1650

Restaurierung der Restaurierung

Bei zwei Restaurierungen, 1908/09 und 1968 bis 1975, wurde von der verfallenden Ruine gesichert, was zu sichern war und rekonstruiert, was für den historisch gesicherten Bestand gehalten wurde. Offensichtlich achtete man bei diesen Restaurierungen aber nicht auf eine Zusammensetzung des Mörtels, der in dem heterogenen Mauerwerk aus Säulenbasalt, Tuff, Trachyt und großformatigen Backsteinen keinen Schaden anrichtet. Feuchtigkeitssperrender Mörtel hatte vor allem an den Backsteinen im Winter größeren Schaden angerichtet, als er zu deren Befestigung von Nutzen war. Bei der letzten Bausicherung 1998 bis 2001 wurden durch gesteinskundliche Untersuchungen zuerst die typischen Schadensbilder ermittelt: großflächige Krusten, Schalenbildung, Salzausblühungen, Risse, Abplatzungen, Ausbrüche. Ein bei der letzten Sanierung verwendeter, speziell entwickelter Traß-Kalk-Mörtel soll diese Schäden in Zukunft nicht mehr entstehen lassen. Die Arbeiten wurden von Handwerkern in Zusammenarbeit mit freiwilligen Helfern des Fördervereins „Erhalt der Kaiserpfalz“ unter der Leitung von Gerd Mania ausgeführt.

Modell der Kaiserpfalz

Informationen

Anfahrt: mit dem Auto über die A 44 bis zur Ausfahrt Lohausen, dort nach Norden über die B 8 nach Kaiserswerth

Schloss Kalkum in Düsseldorf-Kalkum

Schloss Kalkum ist ein außerordentliches Beispiel für den klassizistischen Schlossbau im Rheinland. Die Gebäude des Schlosses stehen um einen großen quadratischen Innenhof. Sie sind rundum von Wassergräben umgeben. Das im Westen gelegene Herrenhaus aus dem 18. Jahrhundert wurde von 1806 bis1814 nach Plänen von Georg Peter Leydel im klassizistischen Stil umgestaltet. Leydel ließ den Westflügel der Vorburg abbrechen und an der Nordwestecke des Schlosses ein Pendant zum barocken Herrenhaus errichten, ebenfalls mit einem Eckturm. Alle Ecken der zweigeschossigen Vierflügelanlage werden seitdem von dreigeschossigen Türmen auf quadratischen Grundrissen flankiert.

Schloss Kalkum, 1806–1814 umgestaltet nach Plänen von Georg Peter Leydel

Parteigründung nach erfolgreichem Scheidungsprozess

Karl Marx hielt nicht viel von den Methoden seines sozialistischen Mitstreiters Ferdinand Lassalle. Als Scheidungsanwalt war der hitzköpfige Gelehrte aber erfolgreich. Die Gräfin Sophie von Hatzfeld lebte als Mitglied der Familie von Hatzfeld-Trachenberg in Schloss Kalkum. Aus familienpolitischen Gründen hatte man sie mit dem Grafen Edmund von Hatzfeld-Wildenburg verheiratet. Zur Unterstützung bei ihrem Scheidungsprozess zog sie 1845 als Rechtsbeistand Ferdinand Lassalle zu Rate, der ihr als Philosoph, Historiker und klassischer Philologe, vor allem aber als ihr zwanzig Jahre jüngerer Geliebter dazu geeignet schien. Der Prozess dauerte zwar zehn Jahre und führte die streitenden Parteien vor sechs Gerichte, verlief aber für die Gräfin erfolgreich. Lassalle gründete 1863 zusammen mit anderen Sozialreformern den Allgemeinen Deutschen Arbeiterverein, der als eine Keimzelle der späteren SPD gilt.
Ein Pavillon an der Mauer des Schlossparks beherbergt eine Gedenkstätte für Ferdinand Lassalle, der 1864 neununddreißigjährig an den Folgen eines Duells starb.

Die beiden westlichen Türme tragen geschweifte Dachhauben mit Laternen. Damit wiederholen sie das Motiv der Laterne, die über der zentralen Aussichtsplattform auf dem Dach des Hauptgebäudes aufragt. Das Herrenhaus besteht aus dem westlichen, nördlichen und südlichen Flügel. Der quadratische Hof wird im Osten durch eine Rentei abgeschlossen, im Süden durch einen Torhaus-Flügel. Im nördlichen Flügel, der ehemals zur Vorburg gehörte, befindet sich ein barockes Portal mit bossierten Quadern, dem Wappen der Familie von Winkelhausen und der Jahreszahl 1663. Die schlichte Gestaltung – die Leydel bewusst einsetzte – erschien der Auftraggeberin zu wenig repräsentativ. Der Risalit, durch den die Einfahrt in den Innenhof erfolgt, wurde 1817 nach Plänen von Johann Peter Cremer ergänzt. Weitere Versuche der Gräfin von Hatzfeld, Schloss Kalkum zu einem repräsentativen Erscheinungsbild zu verhelfen, scheiterten: Weder der Münsterländer Architekt August Reinking, noch Friedrich Weinbrenner kamen trotz Aufträgen dazu, Pläne zu machen. Anton Schnitzler konnte schließlich den Zwischentrakt um ein Mezzaningeschoss aufstocken. Die Innenausstattung wurde weitgehend nach dem Tod der Gräfin (1833) von Heinrich Theodor Freyse entworfen, der auch die rosarote Farbfassung des Schlosses veranlasste. Stuckdecken, Marmorkamine und Parkettfußböden dieser Zeit sind in einigen Räumen erhalten. Die Backsteingebäude der dreiflügeligen Vorburg stammen aus dem 16. und 17. Jahrhundert.
Maximilian Friedrich Weyhe, der Düsseldorfer Hofgärtner, entwarf 1808 den Landschaftsgarten, der das Schloss umgibt, im typisch englischen Stil mit Blickachsen, geschwungenen Wegen, Baumgruppen und Solitärbäumen. Eine Wassermühle aus dem 18. Jahrhundert wurde als pittoreskes Element in den Park einbezogen.

Vom Königshof zum Grafenschloss

Im 9. Jahrhundert war von einem Königshof Calichheim die Rede und spätestens Ende des 12. Jahrhunderts nannten sich nach dieser ehemaligen Burg die Herren von Calcum, von denen Willelmus de Calecheim 1174 erstmals urkundlich erwähnt wurde. Sie standen im Dienst der Grafen von Berg. In den Auseinandersetzungen mit den Bischöfen von Köln kämpften sie auf der Seite der bergischen Herzöge. Ludecin von Calcum wurde in diesen Auseinandersetzungen 1405/06 enthauptet und Erzbischof Friedrich von Köln ließ seine Kalkumer Güter verheeren.
Während sich die Burg seit etwa 1500 im Besitz der Herren von Winkelhausen befand, ließ sie Ludger von Winkelhausen 1656 bis 1663 zu einem barocken, repräsentativen Landschloss ausbauen. 1739 zog – nach dem Aussterben der Familie von Winkelhausen – die Familie von Hatzfeld in Kalkum ein. Gräfin Maria Anna von Hatzfeld geb. von Kortenbach bezog es 1806 und gab dem Krefelder Baumeister Georg Peter Leydel den Auftrag zum Umbau im klassizistischen Stil.

Hauptstaatsarchiv Nordrhein-Westfalen

Ein großer Teil des Hauptstaatsarchivs des Landes Nordrhein-Westfalen ist seit 1952 in Schloss Kalkum gelagert und zugänglich. Das Schloss beherbergt außerdem die Sammlung des Apothekers Helmut Vester zur Geschichte der Pharmazie mit etwa 400 Gläsern, die Rohdrogen enthalten.

Ferdinand Lassalle

Informationen

Schloss Kalkum, Oberdorfstraße 10,
40489 Düsseldorf

Das Schloss ist zu den Dienststunden des Hauptstaatsarchivs zugänglich.

Anfahrt: mit dem Auto über die A 44 bis zur Ausfahrt Lohausen, dort nach Norden über die B 8 bis Kaiserswerth, dort rechts abbiegen in die Kalkumer Schlossallee

Werdener Schweine und Kölner Bollwerk

In den „Campunni“, den Eichenwäldern am Niederrhein, fühlten sich die Schweine des Klosters Werden wohl, lange bevor die Stadt Kempen gegründet wurde. Im Heberegister der Benediktinerabtei tauchen die Campunni schon um 890 auf. Der Ort Kempen wird 1186 urkundlich erstmals erwähnt, muss dann allerdings nicht lange warten, bis er Stadtrechte erhält. Der Kölner Erzbischof Siegfried von Westerburg war seinen treuen Kempenern dankbar, die ihm in der schmachvoll verlorenen Schlacht bei Worringen 1288 beigestanden hatten und verlieh ihnen 1294 Stadtrechte. Als Bollwerk gegen die Grafen von Geldern, Kleve, Jülich und Moers spielte die Burg seitdem eine große Rolle.

Die Burg befindet sich im Zentrum der heutigen Stadt Kempen an der Nordostecke der ehemaligen Stadtbefestigung. Der zweigeschossige Backsteinbau wird von drei runden Ecktürmen flankiert. Der enge Burghof wurde ursprünglich nur von den beiden, im Süden rechtwinklig aneinander stoßenden Flügeln begrenzt. An die nördliche Wehrmauer wurden später Gebäude angebaut, die bis zum Beginn des 19. Jahrhunderts einen dritten Flügel bildeten.

Burg Kempen in Kempen

Über dem Eingang der Burg, der durch einen Mittelrisalit mit Staffelgiebel betont wird, befindet sich das Wappen des Bauherrn, des Erzbischofs Friedrich von Saarwerden, der sie 1396 bis 1400 vollständig neu errichten ließ, und eine Skulptur des Thomas von Kempen aus der Zeit der Nutzung der Burg als Gymnasium Thomaeum 1863 bis 1925. Das schlichte Hauptportal belegt durch seine Zugbrückenblende die wehrhafte Funktion des Baus auch nach seinem schlossartigen Ausbau um 1634. Die heutige Erscheinung der Burg geht in großen Teilen auf den von August Stüler 1861 bis 1863 vorgenommenen Umbau zurück. In älterer Literatur wird im Zusammenhang mit diesem Umbau Heinrich Wiethase genannt. Die Burg wurde dabei vollständig entkernt und die Fassaden im neugotischen Stil gestaltet. Alle Fenster erhielten nun profilierte

Hauptfassade der Burg Kempen

Neugotische Umgestaltung durch August Stüler, 1861–1863

Werksteingewände, die Türme Zinnenkränze als Requisit eines von romantischen Vorstellungen geprägten Ausbaus einer mittelalterlichen Burg. Der Hofseite des Westflügels wurde eine einheitliche Fassade mit kleinen Treppengiebeln vorgeblendet. Auf einen Umbau im Jahr 1934 geht die Aufstockung des ehemaligen Dachgeschosses zu einem Halbgeschoss zurück. Die Aufstockung ruht auf einem Bogenfries, der ursprünglich das Traufgesims bildete. Ein kleiner Turm in der Mitte der Ostfassade „versinkt“ dadurch in der Dachlandschaft.

Eine Burg der Kölner Bischöfe

Aus einem im Anfang des 11. Jahrhunderts bezeugten Hof des Kölner Erzbischofs entwickelte sich die befestigte Siedlung Kempen, die 1294 Stadtrechte erhielt. Eine Burg Kempen wurde erstmals 1347 erwähnt, als Ritter Reinhart von Schönau sie neben anderen Gütern, Stadt und Land Kempen vom Erzstift Köln als Lehen übertragen bekam. Die bis heute erhaltene Burg wurde 1396 bis 1400 im Auftrag des Kölner Erzbischofs Friedrich von Saarwerden vom Baumeister Johann Hundt gebaut. Der Amtmann nahm darin seinen Sitz. Kurz vor 1570 ließ Erzbischof Salentin von Isenburg die Burg instand setzen. 1634 wurde die Anlage unter der Herrschaft des Erzbischofs Ferdinand von Bayern schlossartig umgebaut, ehemalige Scharten wurden zu Fenstern mit Kreuzstock vergrößert. Bis 1794 blieb sie in kölnischem Besitz. Anfang des 19. Jahrhunderts wurde sie an den Krefelder Seidenfabrikanten Peter von Loewenich verkauft. Er ließ die nördlich vorgelagerte Bastion und den Nordflügel abbrechen. Nach einem Brand 1851 erwarb die Stadt Kempen 1857 die Burg und ließ sie 1861 bis 1863 von August Stüler umbauen.

Von 1863 bis 1925 war darin das Gymnasium Thomaeum untergebracht, benannt nach Thomas von Kempen. Zur Anlage eines Schulhofs wurde 1868 die Vorburg abgebrochen. Seit 1939 ist die Burg im Besitz des Kreises, heute Kreis Viersen. Sie diente bis 1984 als Sitz der Kreisverwaltung und bis 2001 der Kreisvolkshochschule. Heute beherbergt sie ausschließlich das Stadt- und Kreisarchiv.

Ruine der Burg Kempen, Radierung von P. Wiethase, 1858

Informationen

Kurkölnische Landesburg Kempen, Burgring/Burgwall bzw. Thomasstraße 20, 47906 Kempen

Anfahrt: mit dem Auto über die A 40, Ausfahrt Kempen, dann zur Stadtmitte. Mit dem Bus vom Bahnhof Kempen aus

Schloss Krickenbeck in Hinsbeck

„Schloss Krickenbeck steht in Flammen“

Viel mehr brauchte Oberrentmeister Wirtz am 6. September 1902 nicht an den Grafen Heinrich von Schaesberg-Tannheim zu telegrafieren. Nur zweiundvierzig Jahre nach dem Umbau durch den berühmten Kölner Dombaumeister Vincenz Statz war das vielfach zerstörte und wieder aufgebaute Schloss endgültig zerstört. Angeblich war es ein unachtsamer Anstreicherlehrling, der den Brand verursacht hatte, „weil er heimlich eine irdene Pfeife rauchte“. Tatsächlich wurde er zu zwei Monaten Gefängnis wegen fahrlässiger Brandstiftung verurteilt.

Nach dem Brand im Jahr 1902 war vom spätbarocken Schloss, das in den Jahren 1856 bis 1860 in neugotischem Stil umgebaut worden war, nicht mehr viel erhalten. Es standen noch der große runde Turm und zwei Fassaden des Schlosses. Der weitgehende Neubau erfolgte 1903 bis 1904 nach einem Entwurf des Architekten Hermann Schaedtler aus Hannover. Als Stilform für den Wiederaufbau wählte der Architekt die zu dieser Zeit beliebte Variante Neorenaissance. Schaedtler war durch Neubauten der Schlösser Lützburg in Ostfriesland, Darfeld und Loburg in Westfalen und Bückeburg in Schaumburg bekannt geworden.

Schloss Krickenbeck liegt im Naturschutzgebiet der Hinsbecker Seenplatte. Das dreiflügelige Herrenhaus steht auf einer kleinen rechteckigen Insel. Sie wird durch einen künstlichen Wassergraben gebildet, über den eine zentrale Brücke das Haus mit der ebenfalls dreiflügeligen Vorburg verbindet.

Die Stilelemente der Neorenaissance sind an Schloss Krickenbeck sparsam eingesetzt. Aus den sich zum Teil überlagernden Risaliten vor den beiden Geschossen entwickelte der Architekt eine belebte Dachlandschaft mit geschweiften, zum Teil mehrgeschossigen Giebeln. Einen starken Akzent erhält das Dach durch die geschweifte Haube des runden Turms, die auf einen offenen Wehrgang aufgesetzt ist. An dem unverputzten Backsteinbau setzte der Architekt durch Werksteine aus hellem Sandstein Akzente. Das Portal wird von ionischen Säulen mit Beschlag-

Schloss Krickenbeck nach der Umgestaltung durch Hermann Schaedtler

Kapelle bei Schloss Krickenbeck

werk flankiert. Am Architrav ist die Inschrift zu lesen „Ex flammis maior et pulchior exorta, 1904“, aus den Flammen größer und schöner entstanden.
Vom Umbau durch Vincenz Statz ist außer dem Zinnenkranz des Turms ein Erker an der Ecke der Gartenfassade erhalten.
Gleichzeitig mit dem Wiederaufbau des Herrenhauses wurde um 1904 auch die dreiflügelige Vorburg von 1695 mit ihrem zentralen Torturm neu gestaltet.

Blütezeit um 1700

Ein Heinrich von Krickenbeck wurde zuerst 1104 in den Annalen von Klosterrath erwähnt. Das Erbe dieser Grafen fiel um 1200 an die Grafen von Mark, die es 1286 an die Grafen von Geldern verkauften. Schloss Krickenbeck und seine Vorburgen wurden erstmals in der Mitte des 13. Jahrhunderts erwähnt. Im 14. Jahrhundert wurde die Burg zu einer vierflügeligen Anlage mit vier Türmen, einer Vorburg und befestigtem Tor ausgebaut.
Nach starker Beschädigung durch burgundisch-österreichische Truppen 1514 entstand eine fast quadratische Vierflügel-Anlage mit drei Türmen. Im Innenhof öffneten sich jetzt an drei Seiten Arkadengänge nach italienischem Vorbild. Im 17. Jahrhundert gehörte das Amt Krickenbeck zu den spanischen Niederlanden. Das Schloss erlebte unter Reichsgraf Johann Friedrich II. von Schaesberg (Amtszeit 1694–1715) seine Blütezeit. Von Schaesberg war Statthalter am Düsseldorfer Hof des Kurfürsten Johann Wilhelm, genannt Jan Wellem. Nach erneuter Zerstörung 1684, diesmal durch Franzosen, erfolgte der Wiederaufbau im barocken Stil. Alle Wände wurden jetzt weiß geschlämmt.
Nach Plänen von Vincenz Statz wurde das Schloss in den Jahren 1856 bis 1860 neugotisch umgebaut. Der Brand von 1902 machte es notwendig, das Schloss nochmals neu zu bauen. Den 1903 begonnenen weitgehenden Neubau entwarf der Architekt Hermann Schaedtler aus Hannover.
1943 als Wohnort der Familie Schaesberg aufgegeben, zog 1947 der Schwesternorden „Von der heiligen Jungfrau und Märtyrerin Katharina“ ein und leitete bis 1969 das Kreisaltersheim. Das Haus war 1989 stark verfallen, als es die Westdeutsche Landesbank kaufte und zum Bildungs- und Tagungszentrum ausbaute.

Schloss Krickenbeck nach der Umgestaltung durch Vincenz Statz, 1860

Eingangsseite, Entwurf Hermann Schaedtler, 1904

Neorenaissance

Anders als noch im 19. Jahrhundert, als im Historismus Stilformen verschiedener Epochen auch an einem einzigen Bau verwendet wurden, bemühte man sich am Anfang des 20. Jahrhunderts in Deutschland, im Gegensatz zu der englisch inspirierten Neugotik, den als typisch deutsch empfundenen Renaissancestil für repräsentative Bauten zu nutzen und das in besonders reiner Ausprägung. Das gilt nicht nur für Schlossbauten, sondern auch für repräsentative öffentliche Gebäude, wie Post- und Regierungsbauten oder für Banken.

Informationen

Schloss Krickenbeck, Schlossallee 1, 41334 Nettetal

Besichtigungen sind nur am „Tag des offenen Denkmals“ im September möglich.

Anfahrt: mit dem Auto über die A 61 Richtung Venlo bis Ausfahrt Kaldenkirchen/Straelen/Leuth. Rechts auf die B 221 in Richtung Geldern/Straelen/Leuth. Der Bundesstraße ca. 3,5 km folgen, dann in die L 373 abbiegen.
Aus Richtung Ruhrgebiet/Duisburg: A 40 bis Ausfahrt Straelen/Nettetal. Links auf die B 221 in Richtung Nettetal. Der Bundesstraße ca. 4 km folgen, dann in die L 373 abbiegen

Ein reicher Geizkragen

„Er geht schlicht gekleidet", schreibt der Biograph Josef Windschuh über August Thyssen, „und trägt ein altmodisches Werkmeisterplaströnchen mit breitem Umlegekragen. (...) Woher er sein Geld bekam, war ihm gleichgültig, er pumpte alle möglichen Stiftungen und Vermögensverwaltungen an und geriet – zumal er Katholik war – auch in den Geruch, sich mit dem Peterspfennig zu finanzieren."
Vom zeitweise größten Schuldner im Deutschen Reich bis spätestens bei Ausbruch des Ersten Weltkriegs zum reichsten Industriellen Deutschlands reicht das Spektrum des Selfmademan August Thyssen. Als Miterfinder des Trusts vereinigte er verschiedene Produktionsstufen von Zechen über Hochöfen und Walzwerken in einer Hand. Der als kniepig bekannte Millionär nahm auf Geschäftsreisen immer ein Butterbrot mit, um teure Restaurants zu meiden und kaufte seinem Diener Anton nie eine Bahnsteigkarte. Das Gepäck ließ er sich über die Sperre reichen. Sein Kutscher durfte ihn auf seinem Weg zur Arbeit auch nur bis zur Mülheimer Brücke fahren. Um den Brückenzoll zu sparen, ging er von dort aus zu Fuß.

Schloss Landsberg
in Ratingen-Breitscheid

Schloss Landsberg steht auf dem südlichen Prallhang der Ruhr, in unmittelbarer Nachbarschaft des Schlosses Hugenpoet. Der annähernd ovale Schlosshof ist von einer Wehrmauer umgeben. Am südöstlichen Rand dieses Hofs liegen die Wohngebäude und Stallungen in einer geraden Reihe. Die heutigen Gebäude gehen auf Häuser aus dem späten 13. Jahrhundert zurück. Baumaterial ist der örtlich vorkommende Ruhrsandstein. Große Teile der Ringmauer und ein 33 Meter hoher Bergfried auf quadratischem Grundriss (11 mal 11 Meter) sind aus dieser Zeit erhalten. Im zweiten Geschoss des Turms befand sich ursprünglich eine Kapelle. In der Mitte des 15. Jahrhunderts erhielten die Ringmauer und der Turm Abschlüsse durch Backsteinbrüstungen auf auskragenden Rundbogenfriesen und der Turm ein Pyramidendach. Aus der Zeit dieser Erweiterung stammt auch der schlankere runde Turm, der heute eine Schweifhaube aus barocker Zeit trägt. Der ehemalige Palas der Burg wurde 1655 im Auftrag von General Arnold von Landsberg durch ein Herrenhaus im Stil der Zeit ersetzt, das seinerseits 1903 bis 1904 wesentlich erweitert und modernisiert wurde. Das Torgebäude neben dem Bergfried stammt aus dem 17. Jahrhundert.
Grundlage der nach 1903 vorgenommenen Wiederherstellung im Auftrag von August Thyssen war der für 1655 angenommene Zustand. Die Planungen dazu stammen vom Hannoveraner Architekten Otto Lüer. Er beschrieb seine Aufgabe so: „Neben Forderungen an behagliche Wohnlichkeit, die zu erfüllen waren, galt es, das Schloss für die geselligen und repräsentativen Zwecke des Bauherrn bedeutend zu erweitern und das ganze Innere in maßvoll-modernem Sinne auszubauen, wobei Teile des alten inneren Ausbaus, insbesondere die schönen Kamine

Schlosshof

August Thyssen vor Schloss Landsberg, 1912

erhalten blieben. Das Äußere des Schlosses ist im alten Charakter erhalten geblieben, wenngleich der baufällige Zustand die Neuaufführung eines großen Teiles des Schlosses bedingte."
Außer einem tief greifenden Umbau des Hauptgebäudes erfolgten Neubauten für Speisesaal, Wintergarten und Remisen. Im Erdgeschoss des Hauptgebäudes wurden Repräsentationsräume gestaltet, im Obergeschoss die privaten Wohnräume Thyssens und ein Gästeapartment mit einem Jugendstil-Bad, das Thyssen auf der Pariser Weltausstellung 1900 gekauft hatte.
Das von tiefen Schluchten geprägte Gelände um die Burg herum wurde nach Plänen des ebenfalls aus Hannover stammenden Gartenarchitekten Julius Trip als dramatische Landschaft inszeniert. Im Schloss befanden sich bis 1964 zwei Skulpturen, die der Burgherr bei Auguste Rodin in Paris persönlich kaufte. Heute sind sie im Besitz der Sammlung Thyssen-Bornemisza. Auf Schloss Landsberg ist Baugeschichte verdichtet: In einem harmonischen Zusammenspiel findet man hier viele historische Baustile und deren historistische Nachempfindungen. Aus der Zeit der letzten Ergänzungen im 20. Jahrhundert stammen Elemente des Jugendstils und der Moderne.

August Thyssens Burg

Zur so genannten Sicherung des Ruhrübergangs bei Kettwig und der Straße nach Ratingen wurde Landsberg 1276 als Landesburg des Herzogtums Berg im Auftrag des Grafen Adolf V. von Berg gebaut. Die für die Abtei Werden eingesetzten Ministerialen des Herzogs nannten sich spätestens seit 1291 nach dieser Burg Ritter von Landsberg. 1548 erhielt Bertram von Landsberg Amt und Burg als erbliches Lehen. Im Dreißigjährigen Krieg wurde die Burg 1633 und 1635 durch Schweden, 1638 von Hessen und kaiserlichen Truppen besetzt. Durch Heirat kam der Besitz 1705 an die Familie von Bevern, 1825 wurde die Burg an Gerhard Freiherrn von Carnap verkauft und 1837 wiederum an Franz Engelbert Alexander Freiherrn von Landsberg-Velen zu Steinfurt.

Der „neue Bergfried" nach einem Entwurf des Düsseldorfer Architekturbüros HPP, 1992

1903 erwarb der Montanindustrielle August Thyssen die Burg. Er ließ sie vollständig erneuern und umgestalten. Nach dessen Tod 1926 verwaltet die August Thyssen-Stiftung das Anwesen. Nach Nutzungen als Kinderheim der Stadt Mülheim (1947–1952), Kinderheim für Angehörige der Firma Thyssen (1952–1966), durch den Evangelischen Stadtkirchenverband Essen für Alten- und Kinderfreizeiten (1967–1984) ist Schloss Landsberg nach 1989 einsetzenden Planungen seit 1993 Ausbildungsort für Verwaltungsleiter der Firma Thyssen, heute Thyssen-Krupp AG.

Ein zeitgemäßer Donjon

Zur Unterbringung der Tagungsgäste wurde1992 nach Plänen des Düsseldorfer Architekturbüros HPP Hentrich, Petschnigg & Partner unabhängig von allen bestehenden Gebäuden ein neuer Wohnturm gebaut. Die Form eines Turms ergab sich, weil die Grundfläche möglichst klein gehalten werden sollte. Der neue Turm nimmt die Formensprache des alten Bergfrieds auf, durch tiefe vertikale Rücksprünge in der Fassade erscheint er jedoch wie drei zusammenstehende Türme auf jeweils quadratischem Grundriss. Tatsächlich steht nur der runde Treppenturm dieses Neubaus mit seinem spitzen Turmhelm frei. Seine Form und Größe entsprechen denen des Treppenturms des alten Bergfrieds.

Postkarte um 1910

Informationen

Schloss Landsberg, August-Thyssen-Straße, 48885 Ratingen-Breitscheid

Park und Waldgelände sind frei zugänglich.

Anfahrt: Obwohl die Zufahrt zu Schloss Landsberg über die August-Thyssen-Straße in Essen-Kettwig erfolgt, liegt das Schloss selbst knapp auf dem Gebiet der Stadt Ratingen. Von Mülheim (Ruhr) aus mit der Buslinie 132, vom S-Bahnhof Essen-Kettwig (S 6) aus Mo–Sa mit der Buslinie 182, Haltestelle „Schloss Hugenpoet"

Reichtum adelt

„Diese Familie ist Besitzer fast der ganzen Stadt“, stellte Wilhelm von Humboldt 1789 fest. Die Einschätzung traf wohl zu, denn spätestens 1810 war Konrad von der Leyen der reichste Fabrikant des Roerdepartements. Er beschäftigte in seinen Fabriken 3000 Arbeiter, das war mehr als ein Drittel der Einwohner Krefelds.

Stadtschloss von der Leyen in Krefeld

Im heutigen Stadtzentrum von Krefeld, zur Bauzeit allerdings noch außerhalb der Wallanlagen gelegen, steht das Stadtschloss der Familie von der Leyen, das prachtvollste Haus Krefelds, ein Palast, der in weitem Umfeld seinesgleichen sucht und den unübertroffenen Reichtum seines Bauherrn zum Ausdruck bringt. Das Gebäude bildet heute den Kern des Rathauses von Krefeld. Baumeister des Hauses ist der 1747 in Bonn geborene Martin Leydel. Nach seiner Tätigkeit in Krefeld wurde Leydel 1803 Departementsbaumeister in Aachen.

Zum Bau des Stadtpalais war eigens ein Durchbruch in die westliche Stadtmauer gemacht worden. Das dreigeschossige Haus, drei Achsen tief und elf Achsen breit, ist im klassizistischen Stil errichtet. Das flache Walmdach ist durch eine kräftige Attika weitgehend verdeckt. An der Stadtseite befindet sich über dem rustizierten hohen Erdgeschoss, das im Mittelteil mit rundbogigen Öffnungen vorgezogen ist, ein fünfachsiger Portikus mit ionischen Kolossalsäulen. Die großen Fenster der Beletage werden durch Verdachungen betont. Der imposante Bau ist vom englischen Palladianismus beeinflusst. Ursprünglich war er frei stehend in einem Park geplant. Schon von den Zeitgenossen wurde dieser bürgerliche Wohnbau „das Schloss“ genannt. Die Regierung zeigte sich besorgt und fand, ein solcher Bau gehe über bürgerliche Grenzen hinaus. Aufgrund seiner Größe

Das Stadtschloss von der Leyen, heute Rathaus der Stadt Krefeld

Rückseite des Stadtschlosses

Tuch- und Seidenfabrikation in Krefeld

Vor allem die Seidenweberei hat Krefeld wohlhabend gemacht. Die Tradition begann im 17. Jahrhundert, als mennonitische Glaubensflüchtlinge wegen der hier gewährten Glaubensfreiheit an den Niederrhein kamen. Friedrich II. förderte durch Monopole die Seidenweberei. 90 Prozent der deutschen Krawatten werden heute in Krefeld produziert.
Die Tuch- und Seidenfabrikation in Krefeld ist eng mit der Familie von der Leyen verknüpft. Auch diese Kaufmannsfamilie gehörte dem Bekenntnis der Mennoniten an. Ihren Reichtum versuchte sie, durch Wohnbauten in Form und Größe von Adelsschlössern zum Ausdruck zu bringen. 1766 ließ Johann von der Leyen in der Friedrichstraße ein dreigeschossiges Stadtpalais errichten, das später das „Floh'sche Haus" genannt wurde. Tatsächlich wurde er 1787 geadelt.

im Verhältnis zur Stadt Krefeld wirkte der Bau zu monumental. Dazu trug auch die deutliche Herrschaftssymbolik des Säulenportikus bei.

Das Schloss eines Tuchfabrikanten

Durch Tuchfabrikation zu Ansehen und Reichtum gelangt, leistete sich Konrad von der Leyen ein repräsentatives Stadtpalais. 1794 wurde das prächtige Gebäude fertig gestellt. 1860 sahen die Erben des Bauherrn bei wirtschaftlich schwierigerer Situation unter der Herrschaft Napoleons das Haus als Last an. Die Stadt Krefeld kaufte es zur Nutzung als Rathaus, das ohne größere Feierlichkeiten nach einem Umbau zu Behörden- und Polizeizwecken in Benutzung genommen wurde. Die zu diesem Zeitpunkt noch von der Altstadt weit abgelegene Lage des Gebäudes rief viel Kritik hervor, die aber mit zunehmender Erweiterung der Innenstadt unter Einschluss des Rathauses verstummte. 1891 wurde das Gebäude im Nordwesten um einen Flügel im Renaissancestil nach einem Entwurf von Johann Burkart ergänzt. Weitere Ergänzungsbauten erfolgten im Süden 1934 bis 1936 nach Plänen von Josef Walther Hollatz. Der gesamte Gebäudekomplex wurde nach erheblicher Zerstörung im Zweiten Weltkrieg wieder aufgebaut und dient bis heute weiterhin als Rathaus. 1958 wurde durch das städtische Hochbauamt ein neuer Trakt im Südosten gebaut, 1985 bis 1988 ein weiterer Trakt im Norden nach Entwürfen des Büros Franz Jörissen+Partner, Ludwig Thönissen und Dirk Hülsmann.

Radierung von Borgemann, um 1935

Informationen

Stadtschloss von der Leyen/Rathaus, Von-der-Leyen-Platz 1, 47798 Krefeld

Anfahrt: mit dem Auto über die A 57, Ausfahrt Krefeld Stadtzentrum

Steile Dächer oder Ruinenromantik

Diese Frage beschäftigte um 1990 Behörden und Architekten, deren Aufgabe es war, Burg Linn als Denkmal zu sichern. Seit etwa 100 Jahren wurde diese Frage immer anders beantwortet. Einerseits ist es schwer, eine Ruine dauerhaft vor eindringender Feuchtigkeit zu schützen, andererseits zerstören Dächer das romantische Bild, das eine Ruine meist schon seit Jahrhunderten bietet. Einerseits schützen Dächer effektiv vor Feuchtigkeitsschäden, andererseits sollen sie als neuzeitliche Hilfskonstruktionen erkennbar sein. Die Argumente prallten in Linn aufeinander und als Zeuge für eine dachlose Ruine wurde Albert Steeger zitiert, der sich seit 1938 um deren Erhaltung bemüht hatte. Dann aber tauchte ein Schreiben Steegers aus den 1950er Jahren auf, in dem er die bauliche Sicherung der Ruine mit Flachdächern ausdrücklich als eine Notlösung wegen begrenzter finanzieller Mittel bezeichnete. Die Fraktion der Dachbefürworter bekam Aufwind und seit 1993 ist die Ruine Burg Linn wieder unter Dach.

Burg Linn in Krefeld-Linn

Südöstlich der Innenstadt von Krefeld liegen der Ortsteil und die Burg Linn. Trotz mehrfacher Umbauten nach Aufgabe ihrer militärischen Nutzung im 18. Jahrhundert, lässt sich die mittelalterliche Struktur der Burg am Bau selbst noch gut ablesen. Die ehemalige kurkölnische Landesburg in den Niederungen eines Altrheinarms besteht aus einer Vorburg und einer Hauptburg, die jeweils von Wassergräben umgeben sind. Die unregelmäßige Vorburg umschließt eine Ziegelsteinmauer mit Scharten. Im Gelände der Vorburg befindet sich das 1730 gebaute und im 19. Jahrhundert veränderte Jagdschloss.
Die Hauptburg steht auf einem künstlichen flachen Hügel. Ein im 12. Jahrhundert gebautes rechteckiges romanisches Haus (Grundfläche 7 mal 13 Meter) wurde im 13. Jahrhundert mit einer Ringmauer mit Torturm und sechs Ecktürmen umgeben. Der Grundriss dieses Ursprungsbaus ist im Burghof durch eine spezielle Pflasterung kenntlich gemacht. Nach dem Abbruch des zentralen Hauses und einem Ausbau der Ringmauer zu Gebäuden, musste um 1475 in einem wei-

Burg Linn, seit 1993 wieder unter Dach

teren Radius eine neue Ringmauer gebaut werden. Von den ursprünglich sechs Flügeln um den inneren Burghof haben sich drei erhalten. An der nördlichen inneren Ringmauer liegt der zweigeschossige Palas mit zwei übereinander liegenden Sälen, ihm gegenüber im Süden der 24 Meter hohe runde Bergfried. Sein Eingang lag, wie bei Bergfrieden üblich, im Obergeschoss und erfolgte über eine Leiter. Burg Linn ist bautypologisch eng verwandt mit der ebenfalls kurkölnischen Landesburg Hülchrath.
Das umliegende Gelände der um 1600 angelegten Festung, in dem auch Haus Greiffenhorst liegt (siehe Seite 30), wurde 1835 bis 1840 zu einem Landschaftspark umgestaltet. Zur Landesgartenschau 2002 konnte der teilweise ver-

Burg Linn und das Jagdschloss

Museum im Jagdschloss

Im ehemaligen Jagdschloss in der Vorburg richtete der Gymnasialprofessor Karl Rembert ein Heimatmuseum ein. Die seit 1938 von dem Geologen Prof. Albert Steeger angelegte kulturgeschichtliche Sammlung wurde nach dem Krieg mit dieser Sammlung vereinigt. Entgegen Steegers Wunsch und Planung entschied sich der Landschaftsverband zur Einrichtung eines Freilichtmuseums in Kommern bei Euskirchen. Im Museum sind Krefelder Bürgerzimmer aus dem 18. und 19. Jahrhundert und eine niederrheinische Bauernküche begehbar. Im Erdgeschoss ist außerdem eine Sammlung mechanischer Musikinstrumente zu sehen. Die Konzeption des Museums aus den 1950er Jahren, die vollständige Einrichtung aus Bürgerzimmern des 18. und 19. Jahrhunderts in einem anderen Gebäude zugänglich zu machen, ist ihrerseits museumsreif.

wilderte Park wieder dem englischen Garten des 19. Jahrhunderts angenähert werden.

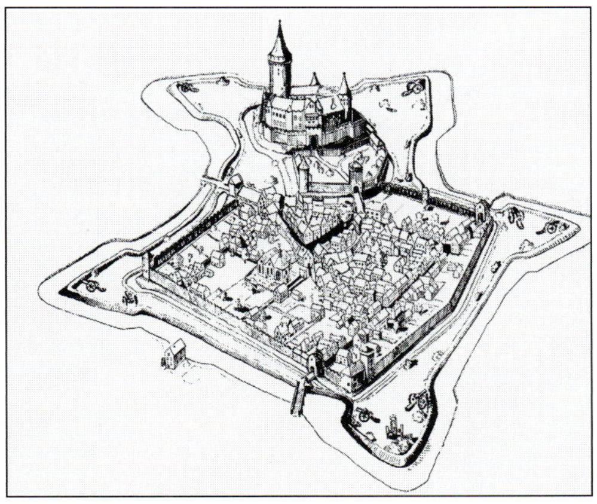

Burg und Ort Linn am Ende des 17. Jahrhunderts

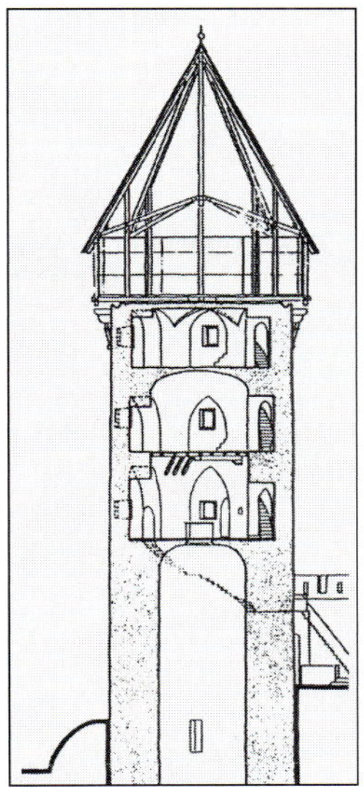

Schnitt durch den Bergfried, Turmhelm 1993

Wechselnde Lehen von Kleve und Köln

Die Burg Linn wurde 1299 erstmals erwähnt, obwohl bereits 1186 ein Gerlachus de Linne als Zeuge in einer Urkunde des Kölner Erzbischofs Philipp von Heinsberg genannt wurde. In den folgenden Jahrhunderten waren die Herren von Linn abwechselnd Lehensträger der Grafen von Kleve und des Erzbistums Köln. Im Spätmittelalter war Burg Linn Sitz des kölnischen Amtmanns.

Während Kämpfen im Spanischen Erbfolgekrieg brannte die Wasserburg 1702 aus. Der Kölner Kurfürst Clemens August gab sie 1730 auf und ließ zur weiteren Nutzung des Geländes in der Vorburg das Jagdschloss errichten. Isaac de Greiff kaufte 1809 die Ruine und sein Sohn Cornelius ließ das Gelände um die Burgruine herum 1835 bis 1840 durch Maximilian Friedrich Weyhe zu einem Landschaftspark nach englischem Vorbild gestalten. Der Ort Linn wurde 1901 nach Krefeld eingemeindet. Die Stadt Krefeld kaufte 1926 Burg Linn und das umliegende Gelände. In den Jahren 1944 bis 1954 wurde die Baugeschichte der Burg erforscht, die Burg selbst daraufhin restauriert und in Teilen nach dem soeben ermittelten Forschungsstand rekonstruiert. In den Jahren 1991 bis 1993 wurde die Ruine mit Dächern, die das Architekturbüro Werner Busch in Zusammenarbeit mit dem städtischen Hochbauamt entwarf, versehen. Der zuvor durch die flachen Notdächer vermittelte Ruinencharakter wurde dadurch zu einem Erscheinungsbild verändert, das der mittelalterlichen Silhouette eher entsprechen soll.

Informationen

Burg Linn, Rheinbabenstraße 85,
47809 Krefeld

Öffnungszeiten:
April–Oktober: Di–So 10–18 Uhr
November–März: Di–So 11–17 Uhr

Anfahrt: von Norden mit dem Auto über die A 57, Ausfahrt Krefeld-Zentrum, dann Richtung Uerdingen/Rheinhafen; von Süden, Ausfahrt Krefeld-Linn. Mit der Straßenbahn 044 vom Hauptbahnhof Krefeld Richtung Rheinhafen, Haltestelle Burg Linn

Eine ungenutzte Sommerresidenz

Herzog Prosper Ludwig von Arenberg beauftragte 1839 den Architekten Joseph Anton Niehaus mit dem Bau einer Sommerresidenz für die herzogliche Familie. Das Haus wurde 1847 bis 1849 gebaut, die Familie nutzte es aber nie und so diente es der herzoglichen Domänenverwaltung als Verwaltungsbau und Wohnung des Rentmeisters.

Schloss Mickeln in Düsseldorf-Himmelgeist

Das über einem hohen Kellergeschoss dreigeschossige Schloss hat einen quadratischen Grundriss. So wie dieser sind auch die Fassaden in Anlehnung an die Villa Grimaldi „La Fortezza“ in Genua gestaltet, die 1560–1570 gebaut wurde. An allen vier Fassaden bilden die äußeren Fensterachsen flache Risalite, die in den beiden Obergeschossen von Kolossalpilastern begleitet sind und die drei mittleren Fensterachsen rahmen. Das Erdgeschoss ist durch rundbogige Fenster und Eckquaderungen an den Risaliten betont rustikal gestaltet. Es ist von den beiden Obergeschossen durch ein Gurtgesims getrennt. Vor der Nordfassade liegt eine Freitreppe, die von steinernen Löwen des Bildhauers Ney flankiert wird. Ein Balkon im ersten Obergeschoss und das herzoglich-arenbergsche Wappen (drei goldene Mistelblüten) am zweiten Obergeschoss betonen die Mittelachse. Die Traufe ist geschmückt mit einem Metopen-Triglyphenfries.

Schloss Mickeln, 1847–1849 gebaut nach Plänen von Joseph Anton Niehaus

Die zum Schloss führende, mit Kopfstein gepflasterte Lindenallee aus der Mitte des 19. Jahrhunderts verbreitert sich in ihrem Verlauf zwischen Eingangstor und Schloss allmählich auf doppelte Breite. Der 1843 angelegte Landschaftspark ist das letzte Werk des Landschaftsarchitekten Maximilian Friedrich Weyhe. Er wurde von seinem Sohn Joseph Clemens Weyhe vollendet. Baumgruppen in Feldern, geschwungene Waldränder und Wege gehören zu den typischen Elementen eines systematisch gestalteten Landschaftsparks, der den Eindruck größter Natürlichkeit erwecken soll und in bewusstem Kontrast zu dem klassizistischen Gebäude steht. Zu den typischen Elementen eines englischen Landschaftsgartens gehören

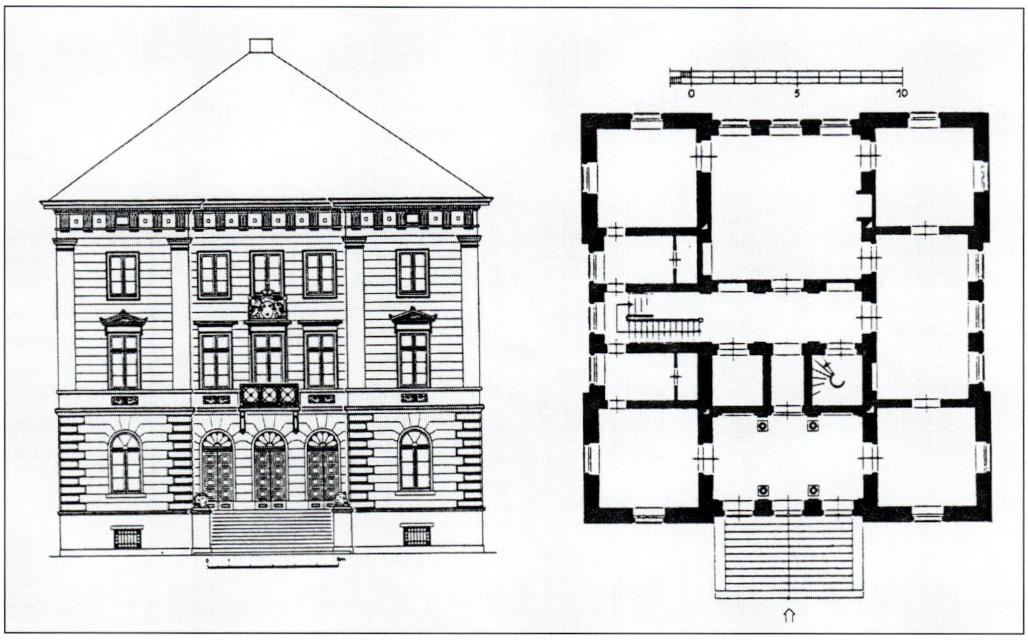

Ansicht und Grundriss des Schlosses, 1838

verschlungen angelegte Wege, Baumgruppen mit einheimischen und exotischen Gehölzen, Obstbaumhaine und Wiesenflächen sowie bewirtschaftete Acker- und Weideflächen. Von der ersten Bepflanzung ist ein Teil des Baumbestands erhalten, darunter zwei Libanonzedern, Platanen und Blutbuchen. Überraschende Ausblicke auf das Schloss und die Auen des Himmelgeister Rheinbogens wurden vom Architekten gezielt geplant. Der Park erscheint genau deshalb nicht künstlich, sondern verwildert-romantisch. Die Parkanlage um Schloss Mickeln ist knapp sieben Hektar groß. Sie steht sowohl unter Denkmal- als auch unter Naturschutz. 2002 wurde der Schlosspark saniert und öffentlich zugänglich gemacht.

Neubau in historischer Umgebung

Ein schon 1418 erwähntes Haus an dieser Stelle im Besitz der Herren von Capellen gelangte 1681 über die Freiherren von Villich an die Reichsgrafen von Nesselrode. In dieser Zeit wurde das Haus in barockem Stil umgestaltet, brannte aber 1836 vollständig nieder. Graf Wilhelm von Hompesch-Bollheim hatte das Schloss und das umliegende Gelände im Jahr zuvor an den Brüsseler Herzog von Arenberg verkauft. Aus der Brandruine entstand der heutige Meierhof, nördlich davon 1847 bis 1849 das heutige Schloss Mickeln. Nach dem Zweiten Weltkrieg wurden darin zehn Notwohnungen eingerichtet. Seit dem Frühjahr 1971 stand es leer und die Arenbergsche Verwaltung entschloss sich, statt es abzureißen, es der Stadt Düsseldorf zu schenken, die darin 1978 nach erheblichen Umbauten eine Heimvolkshochschule eröffnete, in der Seminarteilnehmer auch untergebracht werden konnten. Seit 2000 ist Schloss Mickeln Tagungs- und Gästehaus der Heinrich Heine-Universität Düsseldorf.

Maximilian Friedrich Weyhe

Der bekannteste Gartenarchitekt seiner Zeit lebte von 1775 bis 1846. Zusammen mit seinem Vetter Peter Josef Lenné gehört er zu einer vier Generationen umfassenden Gärtner-Dynastie. Weyhe schuf in Deutschland und Belgien nicht weniger als 92 Parkanlagen. 1803 trat er sein Amt als „Königlicher Hofgärtner“ an. In Düsseldorf hat er zahlreiche Parks und Grünanlagen gestaltet, darunter die Königsallee. Er entwarf die Landschaftsgärten fast aller Schlösser im heutigen Düsseldorfer Stadtgebiet: Benrath, Eller, Heltorf, Kalkum und Mickeln. Weyhe wurde vor allem durch die anspruchsvolle Erweiterung und Neuanlage des Hofgartens berühmt.

Informationen

Schloss Mickeln, Alt Himmelgeist 25,
40589 Düsseldorf-Himmelgeist

Anfahrt: mit dem Auto über die A 59 bis zur Ausfahrt Düsseldorf-Wersten, dann auf der Münchener Straße bis zur Ickerswarder Straße

Das Standbild

Eine Skulptur Luise Henriettes, Prinzessin von Oranien und Kurfürstin von Brandenburg, machte Kaiser Wilhelm II. 1903 der „getreuen Grafschaft Meurs“ zum Geschenk.

Schloss Moers in Moers

Beim heutigen Schloss Moers handelt es sich um die Reste einer spätmittelalterlichen Residenz, die aus einer romanischen Turmburg heraus entwickelt worden war. Von der Burganlage im Zentrum der Stadt, die ehemals einen geschlossenen Kreis bildete, sind heute nur noch zwei Gebäude erhalten. Dazu zählt der älteste Teil des Schlosses, der aus dem 14. Jahrhundert stammende fünfgeschossige Torturm aus Tuffsteinmauerwerk auf quadratischem Grundriss und der daran anschließende zweigeschossige halbrunde Westflügel, der ehemalige Palas, der dem Verlauf der ehemaligen Ringmauer folgt. Dieser Palas stammt spätestens aus der ersten Hälfte des 15. Jahrhunderts, als die Grafen von Moers den Höhepunkt ihrer Macht erreichten. Zu seinem Bau wurden Teile der gotischen Ringmauer verwendet. Die gesamte Burg wurde im 16. und 17. Jahrhundert den Erfordernissen und dem Komfort der Zeit angepasst und von

Skulptur der Kurfürstin Luise Henriette vor Schloss Moers, 1903 errichtet

Eingang zum Schloss, Holzschnitt um 1910

einer Burg zu einem schlossartigen Ensemble umgestaltet. Nach dem Abbruch der wehrtechnischen Anlagen wurde der Palas 1845 an der Hofseite erneuert, gleichzeitig entstand ein schmales Gebäude östlich des Torturms. Bei archäologischen Grabungen wurden 1951 in der Mitte des Burghofs die Fundamente eines quadratischen, frei stehenden Wohnturms mit 7 mal 7 Meter Seitenlänge nachgewiesen. Das mit römischen Dachziegelresten durchsetzte Mauerwerk stammt vermutlich aus dem 12. Jahrhundert. Dieser Turm wurde wahrscheinlich im Zusammenhang mit dem Bau des Palas im 15. Jahrhundert abgebrochen.
Teile des 1836 von Maximilian Friedrich Weyhe angelegten Schlossparks, der südlich an das Schloss anschließt, sind bis heute erhalten, die Bäume als Naturdenkmale eingetragen.

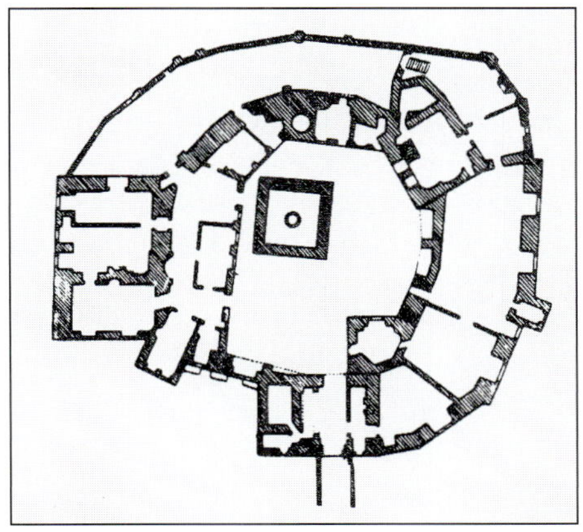

Grundriss mit Bergfried, 1952

Die entscheidende Schlacht von Worringen

Herren von Moers wurden in schriftlichen Quellen erstmals 1186 genannt. Bis zur Schlacht von Worringen 1288 standen die Grafen von Moers auf der Seite des Kölner Erzbischofs, danach auf der der Grafen von Kleve. Zur Grafschaft Moers gehörte die Enklave Krefeld und ab 1392 die Herrschaft Friemersheim. Die Siedlung bekam im Jahr 1300 stadtähnliche Rechte. Nachdem die männliche Linie der Grafen von Moers 1501 erlosch, kam die Grafschaft in den Besitz der Häuser Wied, Neuenahr, Oranien und ab 1712 an die Könige von Preußen. In den Jahren 1553 bis 1579 ließ Graf Hermann von Neuenahr, der Burg und Grafschaft 1510 geerbt hatte, die Anlage umfassend umbauen. Nach einer Erstürmung durch Spanier im Jahr 1586 ließ Prinz Moritz von Oranien neue Festungsanlagen mit vier Bollwerken errichten. Die erneuerte und verstärkte Burg bildete an der Südseite der Stadt ein fünftes Bollwerk. Friedrich II. von Preußen ordnete nach dem Siebenjährigen Krieg 1763 die Schleifung der Festungsanlagen an. Nach 1800 wurden große Teile der Burg abgerissen.
1805 kaufte der Textilfabrikant Friedrich Wintgens das Schloss und ließ durch den bekannten Gartenarchitekten Maximilian Friedrich Weyhe einen Schlosspark anlegen. Seit 1905 befindet sich das Schloss in städtischem Besitz. Die Stadt richtete es 1908 als Grafschafter Museum ein, in dem Kulturgeschichte und Volkskunst der Grafschaft Moers gesammelt und dokumentiert wird. Die heutige Sammlung umfasst Objekte zur Archäologie, zur Geschichte, Kulturgeschichte und Volkskunst, bürgerlichen und bäuerlichen Wohnkultur vom 17. Jahrhundert bis zum Jugendstil sowie eine Puppenstubensammlung.

Informationen

Schloss Moers, Kastell 9, 47441 Moers

Öffnungszeiten des Grafschafter Museums: Di–Fr 9–18 Uhr sowie Sa und So 11–18 Uhr

Anfahrt: mit dem Auto von Norden und Süden über die A 57, von Westen und Osten über die A 40, jeweils bis Ausfahrt Moers. Mit dem Bus 921 ab Bahnhof Moers bis Haltestelle „Königlicher Hof"

Voltaire, der boshafte Irre

Die reine Vernunft sollte nach der Vorstellung Voltaires als einzig regelnde Kraft zwischen den Menschen gelten. Damit traf der französische Schriftsteller (1694–1778) den Nerv des preußischen Kronprinzen und späteren Königs Friedrichs des Großen (1712–1786). Friedrich II. war ein großer Freund der Aufklärung und wurde damit zu einem Freund Voltaires. Beide trafen sich nach jahrelangem Briefwechsel am 11. September 1740 erstmals auf Schloss Moyland. Sie entwickelten den Plan, hier eine „Wahrheitsmanufaktur" zu gründen. Die Freundschaft war allerdings großen Belastungen ausgesetzt: Nachdem er 1750 an den preußischen Hof gezogen war, belasteten Intrigen und dubiose Geldgeschäfte des Philosophen das Verhältnis der beiden Männer. Friedrich beschloss, künftig doch lieber schriftlich mit ihm zu verkehren und urteilte: „Voltaire ist der boshafteste Irre, den ich je getroffen habe, er ist nur gut zu lesen."

Schloss Moyland in Bedburg-Hau

Schloss Moyland liegt im Gebiet mehrerer Altrheinarme. Die um einen Binnenhof angelegte vierflügelige Anlage wird an ihren Ecken von runden Türmen flankiert und ist von einer Gräfte umschlossen. Der nördliche Turm ist als Bergfried kräftiger ausgeführt, die anderen drei Türme an ihrer Innenseite jeweils angeschnitten. Die Anlage geht auf die im Auftrag von Ritter Roland von Hagedorn 1345 bis 1355 erbaute regelmäßige Burganlage mit vier runden Schalen-Ecktürmen zurück.

Das Innere des Gevierts wurde erst im 15. Jahrhundert mit Gebäuden gefüllt. Das Erscheinungsbild des Schlosses ist heute geprägt durch die neugotische Umgestaltung und Ummantelung aller Mauern im 19. Jahrhundert. Dazu zählt vor allem der umlaufende Zinnenkranz über dem auf Konsolen ruhenden Rundbogenfries oberhalb des zweiten Geschosses. Durch die Wandschale aus Backstein und den einheitlichen Kranz von Zinnen wirkt Schloss Moyland besonders homogen. Ernst Friedrich Zwirner, der Kölner Dombaumeister, orientierte sich dabei an seinen Planungen für die beiden Schlösser Herdringen bei Arnsberg und Arenfels bei Bad Hönningen, die er 1848 bis 1852 bzw. 1852 bis1858 im neugotischen Stil umgestaltet hatte. Die Fenster wurden bei diesem Umbau in symmetrischen Achsen angeordnet. An die Stelle eines einfachen Mittelrisalits, der aus der Barockzeit stammte, wurde über der nach Südosten weisenden Eingangsfassade ein neuer risalitartiger Torbau mit fünfbahnigem Maßwerkfenster gebaut, ein Motiv aus

Schloss Moyland von Süden, Brückenskulptur von Tadashi Kawamata

dem englischen Schlossbau (z. B. Hampton Court). Ein typisch englisches Baumotiv sind auch die mit Tudorbögen abschließenden Fenster im Sockelgeschoss. Vor dem Torbau liegt wie ein Baldachin eine spitzbogige kleine Eingangshalle. Die bis dahin zum Schloss führende Holzbrücke wurde durch eine Backsteinbrücke ersetzt.

Im Skulpturenpark

Voltaire und Friedrich der II.

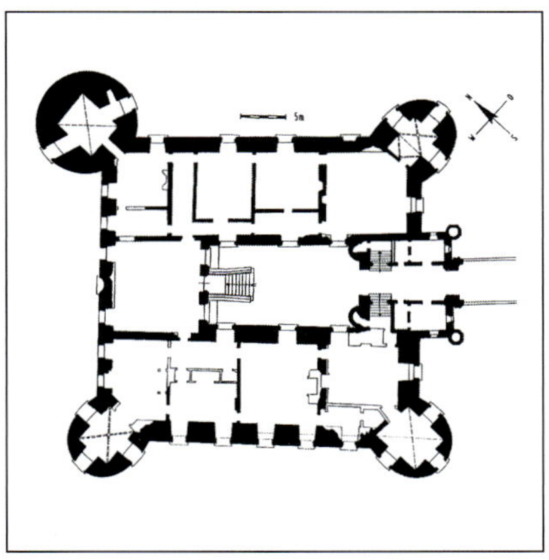

Grundriss

Neugotisch ummanteltes Barockschloss

Anfang des 14. Jahrhunderts entstand die erste Burg an dieser Stelle. Ihr Besitzer, ein Archidiakon aus Lüttich, Jakob van den Eger, nannte sich nach ihr Jakob van den Moyland. 1332 verkaufte er den bereits befestigten Hof an Roland von Hagedorn. Nach häufigen Besitzerwechseln wurde das Schloss 1649 an Alexander Freiherr von Spaen verkauft, der es durch den Klever Hofbaumeister Pieter Post in barockem Stil verändern und erweitern ließ. Von Spaen gehörte ebenfalls Schloss Ringenberg (siehe Seite 70), das er 1661 ausbauen ließ. Nachdem es 1695 in den Besitz des Kurfürsten Friedrichs III. von Brandenburg gelangt war, kaufte die holländische Händlerfamilie van Steengracht van Duivenvoorde Schloss Moyland 1766.

1854 erhielt der Kölner Dombaumeister Ernst Friedrich Zwirner von Nikolaas Johan Steengracht van Duivenvoorde den Auftrag, das gesamte Schloss umzubauen und dem neugotischen Geschmack der Zeit anzupassen. Die Innenausstattung, aus dem 17. Jahrhundert und nach 1766 in den Formen des nordniederländischen Barock und des Rokoko entstanden, sollte ausdrücklich unangetastet bleiben. Zwirner fand eine Methode, den Schlossbau bestehen und ihn trotzdem wie neu aussehen zu lassen: Er ließ den ganzen Bau mit einer zusätzlichen Mauerschicht aus Backstein ummanteln.

Das 1944 zerstörte, geplünderte und 1956 nochmals ausgebrannte Haus verfiel trotz einer Notsicherung zusehends, bis sich 1987 die Stiftung „Museum Schloss Moyland" darum kümmerte. Seit 1997 beherbergt das Schloss mit der Kunstsammlung von Franz Joseph und Hans van der Grinten die weltweit größte Sammlung von Werken des Bildhauers und Zeichners Joseph Beuys.

Voltaire und Beuys

Voltaire und Beuys, ein größerer Gegensatz von Aufklärung und Mythos, besser „Mythisierung", wie Joseph Beuys in unzähligen Lehrveranstaltungen erläutert hat, lässt sich wohl nicht denken. Hier die reine Vernunft, dort das rheinische Geschichtenerzählen und Geschichtenerfinden. Beide vereint, dass sie ihren Freunden auch über deutliche Meinungsverschiedenheiten hinweg die Treue hielten. Beide eint auch der politische Wille und die Vorstellung einer notwendig zu verändernden Gesellschaft. Beuys stützte sich dabei auf ein optimistisches Bild christlicher Offenbarung und Erlösung. Ein großer Teil seines Werks, die größte Einzelsammlung Beuysscher Werke überhaupt, ist seit 1997 in Schloss Moyland ständig ausgestellt: Die über 40 000 Werke umfassende Sammlung der Brüder van der Grinten hat ihren Schwerpunkt auf dem Werk von Joseph Beuys, umfasst aber ein weites Spektrum der Kunst des 20. Jahrhunderts. Aktuelle Kunstprojekte beleben das Museum. Von Mai bis Oktober 2003 bildete eine Brücken-Installation des japanischen Künstlers Tadashi Kawamata einen spektakulären Auftakt zum Museum für moderne Kunst.

Informationen

Museum Schloss Moyland, Am Schloss 4, 47551 Bedburg-Hau

Öffnungszeiten:
10–18 Uhr, im Winter 10–17 Uhr, montags geschlossen

Anfahrt: mit dem Auto von Süden über die A 3 bis zur Ausfahrt Rees, über die B 67 bis Kalkar, dann über die B 57 Richtung Kleve. Von Norden über die A 3 bis zur Abfahrt Emmerich, dann über die B 220 bis Kleve und die B 57 Richtung Kalkar. Mit der Buslinie 44 von Kleve aus

Die Selige von Schloss Myllendonk

Am 13. Oktober 1968 sprach Papst Paul VI. die auf Schloss Myllendonk geborene Therese von Wüllenweber selig. Der Seligsprechung war ein an Umwegen reiches Leben der Frau vorangegangen, deren Ordensnamen Maria von den Aposteln lautete. Als älteste von fünf Töchtern wird sie 1833 geboren und tritt, obwohl ein erhebliches Erbe auf sie wartet, 1857 dem Orden „Institut Sacre Coeur" bei, wechselt 1863 zum Orden „Schwestern von der Heimsuchung Mariens", kehrt nach kurzer Zeit aber wieder nach Myllendonk zurück, wo sie fünf Jahre bleibt. Wenige Monate in einem belgischen Kloster lassen in ihr den Entschluss reifen, lieber selbst eine Ordensgemeinschaft zu gründen. 1876 mietet sie zunächst das Kloster Neuwerk, das sie als Damenstift führt. 1882 trifft sie Pater Franziskus Jordan, der kurz zuvor die „Gesellschaft des Göttlichen Heilands" (Salvatorianer) gegründet hat und ihr 1888 bei der Gründung des Ordens der „Schwestern der Katholischen Lehrgesellschaft" hilft. Der später in „Salvatorianerinnen" umbenannte Orden siedelt 1894 nach Rom über. Therese von Wüllenweber ist bis zu ihrem Tod 1907 seine Generaloberin. Heute gibt es weltweit 1200 Schwestern vom „Göttlichen Heiland" in 26 Ländern.

Therese von Wüllenweber, 1833–1907

Schloss Myllendonk in Korschenbroich

Schloss Myllendonk liegt, von Wassergräben umgeben, in den Niersniederungen auf dem linken Niersufer zwischen Korschenbroich-Herzbroich und Mönchengladbach-Lürrip. Trotz vielfacher Umbauten, Wiederaufbauten nach Teilzerstörungen und Modernisierungen, vor allem in der Barockzeit, hat der Bau seinen spätmittelalterlichen Charakter behalten. Über drei Brücken kommt man über eine äußere und eine innere Vorburg zur Hauptburg, die auf einer eigenen Insel steht. Eine weitere, unbebaute Vorburginsel diente ursprünglich

Schloss Myllendonk

als Nutzgarten. Die von allen Seiten aus malerische Silhouette entsteht durch die versetzte rechtwinklige Anordnung der Gebäudeteile zueinander. Die hohen Backsteingebäude sind im rechten Winkel durch Vor- und Rücksprünge so zueinander angeordnet, dass zahlreiche vertikale Gebäudekanten entstehen. Dadurch wird ihre Höhe zusätzlich betont. Die Anlage wurde im 14. Jahrhundert errichtet und seitdem im Kern weitgehend bewahrt. Zum Ursprungsbestand zählen der fünfgeschossige Westturm, dessen Obergeschoss 1856 erneuert wurde und der quadratische Eckbau mit seinem westlichen Treppengiebel. 1559 fanden größere Umbauarbeiten statt, die durch einen datierten Wappenstein der Familie von Mirlaer dokumentiert sind. 1591 wurde die Hoffassade unter Einbeziehung des zuvor eingestürzten gotischen Palas erneuert. In diesem Zusammenhang entstand eine repräsentative, heute vermauerte Renaissance-Loggia mit Kreuzrippengewölbe, wie sie etwa an Schloss Rheydt noch vollständig erhalten ist. Die Loggia wurde wahrscheinlich im Rahmen einer der spanisch-geldrischen Besetzungen 1655 oder 1671 vermauert. Die geschweiften Turmhauben mit Laternen und alle Dächer stammen aus dem späten 16. Jahrhundert (um 1592). 1630 wurde, entsprechend einer Datierung durch Maueranker, der bereits im 14. Jahrhundert errichtete sechsgeschossige Nordostturm im Stil der Zeit umgestaltet. Von den Ge-

Zeichnung von Ludwig Arntz, 1892

bäuden der inneren Vorburg sind das ehemalige Schlachthaus und der im 16. Jahrhundert errichtete dreigeschossige Torturm mit spitzbogiger Durchfahrt erhalten. Die Wirtschaftsgebäude der äußeren Vorburg mit Torhaus wurden 1704/05 gebaut und 1899 zu einer dreiflügeligen Anlage erweitert.

Reichsunmittelbare Herrschaft Myllendonk

Seit 1166 lassen sich Herren von Myllendonk urkundlich nachweisen. Bekanntestes Mitglied der Familie ist der um 1180 bis 1240 lebende Zisterziensermönch Caesarius von Heisterbach. Dietrich I. von Myllendonk baute 1186 die erste Burg an dieser Stelle. Ab 1225 erhielten die Herren von Myllendonk den zehnten Teil des Neusser Rheinzolls. Ab 1300 gehörte die Burg als geldrisches Lehen den Herren von Reifferscheid-Malberg, ab 1351 der Familie von Mirlaer, die sich wiederum von Myllendonk nannte, 1621 durch Heirat dem Grafen Jakob von Bronckhorst-Batenburg-Anholt, danach dem Fürsten Jakob Philipp von Croy und der Gräfin Maria Gertrud von Berlepsch. Währenddessen wurde sie 1642 bei kriegerischen Auseinandersetzungen beschädigt und 1655 sowie 1671 von spanisch-geldrischen Truppen besetzt. 1700 erlangte die Herrschaft Reichsunmittelbarkeit. 1803 kaufte Franz Gottfried von Maerckem das Schloss. 1832 gelangte es über dessen Nichte in den Besitz der Familie von Wüllenweber, die es bis heute besitzt. Nach Beschädigungen im Zweiten Weltkrieg wurde das Schloss bis 1959 wiederhergestellt.

Schloss Myllendonk, Torturm

Der Golfclub Schloss Myllendonk

Seit 1965 hat sich in und um Schloss Myllendonk ein Golfclub etabliert. Anfangs noch ein Vier-Loch-Platz, hat das 44 Hektar umfassende Gelände heute mit 18 Löchern internationalen Standard erreicht. Schon vor der Gründung wurde in den Planungsunterlagen zur Anlage des Golfplatzes festgelegt: „Die Anlage des Platzes soll in der Weise erfolgen, daß das Schloß, eines der wenigen mittelalterlichen Baudenkmäler in der näheren Umgebung, zum Teil umspielt wird und im Mittelpunkt bleibt."

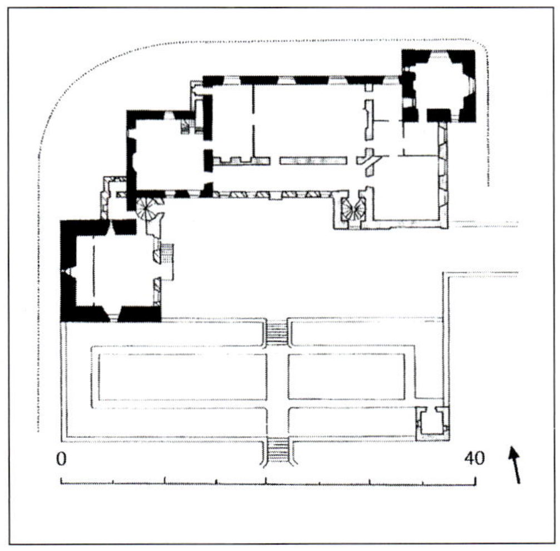

Grundriss

Informationen

Schloss Myllendonk, Myllendonker Straße 113, 41352 Korschenbroich-Herrenshoff

Das Schloss ist nur von außen zu besichtigen.

Anfahrt: mit dem Auto über die A 44 bis zur Ausfahrt Mönchengladbach Ost

Ein schlichtes Schloss

Maximilian Friedrich Graf von Westerholt-Gysenberg liebte Friederike von Bretzenheim. Trotz ihres adeligen Namens entsprach sie nach Auffassung seiner Familie nicht seinem Stand. Friederike war nämlich eine illegitime Tochter des Kurfürsten Karl Theodor von der Pfalz und kam als solche für eine standesgemäße Heirat nicht in Frage. Maximilian Friedrich heiratete sie trotzdem und nahm es in Kauf, auf die Westerholtschen Güter zu verzichten. Auf dem Gelände der zum Familienbesitz gehörenden Burg Oberhausen ließ er für sich und seine Frau ab 1804 ein schlichtes Schloss errichten. Erst 1861 wurde dieses Schloss zum Namensgeber der sich neu formierenden Ortschaft und späteren Großstadt.

Schloss Oberhausen in Oberhausen

Schloss Oberhausen liegt außerhalb des alten Stadtkerns an der Verbindungsstraße zu den 1929 eingemeindeten Orten Sterkrade und Osterfeld. Vom ehemaligen Rittersitz Overhus ist das heutige Schloss 200 Meter entfernt. Das klassizistische Gebäude entstand in den Jahren 1804 bis 1818 nach Plänen des Münsteraner Hofbaumeisters August Reinking im Auftrag des Grafen Maximilian Friedrich von Westerholt Gysenberg. Die Planungen Reinkings, die einen Gebäudekomplex vergleichbar einer Fürstenresidenz vorsahen, gingen deutlich über die finanziellen Möglichkeiten des Bauherrn hinaus. Der dreigeschossige Haupttrakt mit zurückgesetztem dreigeschossigen Südflügel wurde daher so sparsam gebaut, wie es für heutiges Empfinden typisch für klassizistische Bauten ist. Auf dem Dach erhebt sich ein „Belvedere“, eine Aussichtsplattform mit einem verschieferten Obelisk, in dem die Schlossglocke aus dem Jahr 1808 aufgehängt ist. Erst seit dem Neubau des Schlosses in den Jahren 1958 bis 1960 sind die Fassaden durch flache Pilaster gegliedert. An seiner Rückseite schließt ein spätbarock wirkender Ehrenhof an, der von flachen Gebäudetrakten hufeisenförmig umschlossen ist. Darin befindet sich unter anderem eine Gedenkhalle zur

Schloss Oberhausen, 1804–1818 gebaut nach Plänen von August Reinking

Schloss Oberhausen

Ludwiggalerie

Eine der ersten Museumsneugründungen nach dem Zweiten Weltkrieg war 1947 die der Städtischen Galerie Schloss Oberhausen. Die Sammlung umfasst Werke rheinischer Expressionisten, kritischer Realisten der 1970er Jahre und internationaler Grafik aus dem 19. und 20. Jahrhundert sowie seit Angliederung des „Ludwig-Instituts für Kunst der DDR" 1983 Gemälde, Grafiken und Skulpturen von Künstlern der DDR. Die Ludwiggalerie zeigt seit 1998 in Schloss Oberhausen thematische Ausstellungen, durch die Verbindungslinien und Gemeinsamkeiten unterschiedlicher Kulturen nahe gelegt werden. Grundidee ist die Vorstellung einer inneren Verbundenheit der Kulturen der Welt von der Antike bis zur Gegenwart. Eine andere Ausstellungsreihe rankt sich um Karikatur, Comic, Illustrationen, Fotografie, Plakate und Videokunst.

Erinnerung an die Verfolgten der Nazi-Herrschaft, in der eine Dauerausstellung zur Geschichte der Verfolgung und des Widerstandes in Oberhausen während der Zeit des Nationalsozialismus zu sehen ist. Vor der Halle steht eine von Willy Meller gestaltete Basaltskulptur mit dem Titel „Die Trauernde".

Weitgehender Neubau nach 1945

Bis heute nicht vollständig geklärt ist, ob Henricuzs Dukere de Overhusa (erwähnt 1220) tatsächlich Besitzer einer Burg Overhus war. Mit der allerdings sicher schon im 13. Jahrhundert bestehenden und bis 1443 als Klevisches Lehen verwalteten wasserumwehrten Burg Overhus ist Schloss Oberhausen nur weitläufig verbunden. Die Freiherren von Boenen-Westerholt übernahmen 1615 den Besitz, neben dem in einiger Entfernung 1804 bis 1818 das neue Schloss Oberhausen entstand. Seit 1912 ist es Eigentum der Stadt Oberhausen. Im Zweiten Weltkrieg wurde das Schloss weitgehend zerstört, die Ruinen abgerissen. Der Neubau der hinteren Schlossbauten wurde 1952 abgeschlossen, der des Hauptgebäudes 1958. Er erfolgte in freier Anlehnung an die Pläne des Baumeisters Reinking, auch derer, die im 19. Jahrhundert nicht zur Ausführung kamen. Die Gedenkhalle zur Erinnerung an die Verfolgten der Nazi-Herrschaft wurde 1962 eröffnet. Von 1996 bis 1998 wurde das Schloss nach Entwürfen des Architekturbüros Eller & Eller umgebaut.

Postkarte um 1920

Informationen

Schloss Oberhausen, Konrad-Adenauer-Allee 46, 46042 Oberhausen

Öffnungszeiten der Ludwiggalerie und der Gedenkhalle: Di–So 11–18 Uhr

Anfahrt: mit dem Auto über die A 42, Ausfahrt Oberhausen Zentrum, nach 200 m rechts A 40, Ausfahrt Mülheim-Styrum, B 223 bis zum Schloss. Mit den Bussen der Linien 122 und 952 ab Hbf Oberhausen

Verschwundene Orte

Um die Burg Paffendorf herum sind in den letzten Jahrzehnten 15 Orte verschwunden. Straßen, Eisenbahnlinien und das Flussbett der Erft nehmen heute einen anderen Lauf. Nur die alte Wasserburg steht nach wie vor an ihrem Platz. Grund dafür ist kein Zauber und kein Fluch, sondern der Braunkohletagebau. Eine Dokumentation zum Entstehen der Braunkohle und zur Geschichte ihrer Nutzung ist in der Burg zu besichtigen.

Burg Paffendorf in Bergheim

Streng genommen liegt die Burg Paffendorf knapp außerhalb des Raums, der traditionell zum Niederrhein zählt. Baugeschichtlich aber gehört die in den Erftniederungen errichtete Wasserburg durchaus dazu.

Die zweiteilige Anlage besteht aus einer Vorburg und einem Herrenhaus und ist vollständig von Wassergräben umgeben. Die Vorburg ist hufeisenförmig dem Herrenhaus zugewandt, dessen dreiflügeliger Baukomplex auf einem unregelmäßigen Grundriss errichtet ist. Die zweigeschossigen Flügel aus unverputztem Backstein und die beiden runden Ecktürme wurden in den Jahren 1531 bis 1546 im Auftrag von Wilhelm v. d. Bongart und seiner Frau Maria auf den Grundmau-

Burg Paffendorf, eine Insel im Braunkohletagebau

Zeichnung um 1920

ern einer älteren Burg im Renaissancestil errichtet. Obwohl zu dieser Zeit verteidigungstechnisch nicht mehr sinnvoll, wurde die Burg mit Wassergräben umgeben. Sie war herrschaftlicher Mittelpunkt einer Wirtschaftsburg. Eine Tafel aus Rotsandstein am Westflügel dokumentiert den Abschluss der Arbeiten. Die Inschrift neben den Wappen der Familien Bongart, Maschereil, Erckenthiel und Schönrath lautet: „1546. Wilhelm von dem Bongart, Ritter, Her zu Herwinantsrode, von Heiden und von der Blit, Erffkamerer des Fürstendumbs Gulich, und Frauwe Merge Marseriel, seine Selige Huisfrawe."

1861 bis 1865 wurde die Burg im Auftrag von Ludwig Reichsfreiherr v. d. Bongart nach Plänen des Kölner Architekten August Lange im neugotischen Stil umgebaut. Lange gestaltete dabei vor allem die zum Park gelegene Schaufassade der Burg besonders reichhaltig und ließ die Ecktürme mit Zinnenkränzen und spitzen Turmhelmen versehen. Die rechteckig belassenen Fenster wurden durch gotisierende Maßwerkbrüstungen und Stürze dem gewählten neuen Stil angepasst. Die Zinnenkränze der beiden Türme ruhen auf Kragsteinen, die des Turms im Innenhof zusätzlich auf kleinen, frei stehenden Säulchen. Im Untergeschoss dieses Turms befand sich ursprünglich die Burgkapelle. Das Dach erhielt bei diesem Umbau drei Zwerchhäuser mit getreppten Giebeln, an dessen mittlerem sich folgende Inschrift befindet: „Ludovicus liber baro de Bongart renovavit 1861–1865." Am Obergeschoss sind an der Ostfassade Skulpturen der Namenspatrone der Familie angebracht, der Heiligen Ludwig und Melania, am nördlichen Giebel ein mit dem Drachen kämpfender Hl. Georg. Im Rahmen des Umbaus erhielt die Burg eine auf einer spitzbogigen Unterkonstruktion ruhende Terrasse über dem Burggraben. Im Innenhof sind drei Gebäudeflügel durch einen vorgesetzten sechsbogigen Altan verbunden. In Mauernischen im ersten Obergeschoss stehen vier weitere Skulpturen, die Namenspatrone der Familie Bongart darstellen (1876). Auch das Innere der Burg wurde 1861 bis 1865 umgestaltet, wobei die Räume zum Teil Holztäfelungen und neue Kamine im gotischen Stil erhielten. Reste der Ausschmückung aus dem frühen 18. Jahrhundert haben sich in Stuckornamenten und im Treppenhaus erhalten, das von der Großen Halle ins Obergeschoss führt.

Über 400 Jahre im Besitz der Herren von Bongart

Die Vogtei Paffendorf wurde 1233 als pfalzgräfliches Lehen den Grafen von Jülich aufgetragen. Nach den Herren von Gymnich, den Herzögen von Brabant und den Grafen von Neuenahr hatten sie 1512 die Herren von Bongart als Pfand und Besitz, bis sie 1958 durch Marietta Freifrau v. d. Bongart an die Rheinische Braunkohlenwerke AG verkauft wurde, die darin ihr Zentralarchiv eingerichtet hat.

Informationszentrum zur Braunkohle

Im Herrenhaus der Burg ist seit 1967 ein Informationszentrum über die Rheinische Braunkohleindustrie eingerichtet, darunter 70 verschiedene, bis zu 130 Jahre alte Briketts. Dokumentiert ist die Entstehung der Braunkohle, die Geschichte der mit ihr verbundenen Industrie, die Technik ihres Abbaus und die daraus entstehenden Veränderungen in der Umwelt. In der „Galerie Schloss Paffendorf" in der Vorburg werden Wechselausstellungen gezeigt.

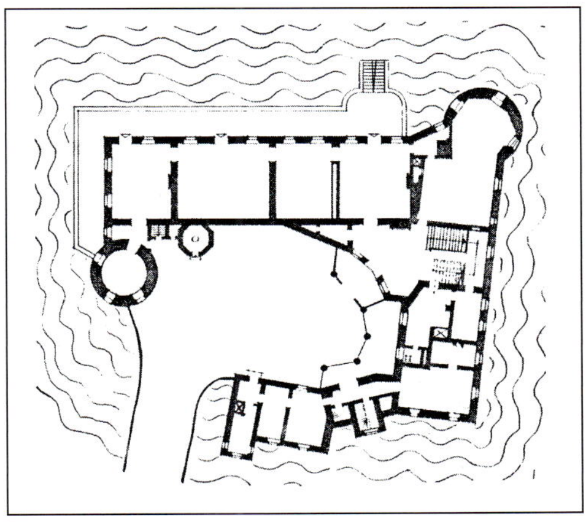

Grundriss

Informationen

Burg Paffendorf, RWE Rheinbraun AG, Burggasse, 50126 Bergheim

Öffnungszeiten: Sa–So 10–17 Uhr

Anfahrt: mit dem Auto über die A 61 bis zur Ausfahrt Bergheim/Elsdorf, dann über die B 477 Richtung Bergheim, dann links nach Paffendorf

Wer in den Werkstätten singt, pfeift oder sich balgt ...

13 bis 14 Stunden tägliche Arbeitszeit war 1842 schon eine Errungenschaft. An eine 40-Stunden-Woche war gar nicht zu denken. Ein Beschluss des Königlichen Fabrikengerichts zu Gladbach vom 14. Juli 1842 legte die neue tägliche Arbeitszeit und gleichzeitig Benimmregeln fest: „Wer in den Werkstätten singt, pfeift oder sich balgt, zahlt à 5 Groschen." In der Weberei-Ausstellung in der Vorburg von Schloss Rheydt ist dieser Beschluss nachzulesen. Zahlreiche Ausstellungsstücke, u. a. ein Jacquard-Webstuhl mit Lochkartensteuerung, sind in dieser Museumsabteilung zur Geschichte des für Mönchengladbach wichtigsten Wirtschaftszweigs ausgestellt.

Schloss Rheydt in Mönchengladbach-Rheydt

Nordöstlich des heute zu Mönchengladbach gehörenden Rheydt liegt in den Niederungen der Niers Schloss Rheydt. Anders als bei vielen anderen Schlössern im Rheinland wurde der Ausbauzustand der Renaissancezeit in Rheydt außerordentlich gut erhalten. Das Schloss zählt daher zu den bedeutendsten Renaissanceschlössern im Rheinland. Der Zugang zum Schloss, das von einer fünfeckigen Bastion umgeben ist, erfolgt über einen doppelten Graben und einen Wall von Südwesten. Einzigartig ist die neuzeitliche Festungsanlage mit bastionierten Wällen und Kasematten für eine einzelne Burg. Von der 1560 bis 1570 dreiflügelig angelegten inneren Vorburg sind zwei Flügel erhalten.

Auf den Grundmauern einer Burg aus dem 13./14. Jahrhundert entstand nach deren Abbruch im Auftrag von Adrian von Bylandt um 1525 zunächst der nordwestliche Wohnflügel, 1533 bis 1549 im rechten Winkel dazu der Westflügel. Die beiden zweigeschossigen Gebäude wurden im Auftrag von Otto von Bylandt von 1558 bis 1570 durch den Landesbaumeister des Herzogtums Jülich-Kleve-Berg, Maximilian Pasqualini, umgestaltet. In typischen Renaissanceformen entstand aus einem Agglomerat mittelalterlicher Bauten ein Schloss mit systematisch gegliederten Fassaden, Kreuzstockfenstern mit Renaissance-Ornamentik, einem aufwändigen Erker am Nordwestflügel und einer Loggia im Arkadenhof. Die übergiebelten Erdgeschossfenster des Erkers werden von Säulen toskanischer Ordnung gerahmt. Ihre Schäfte sind mit Laubornamenten verziert. Über einem dorischen Gesims mit Ochsenschädeln, Menschen- und Tiermasken setzt das Obergeschoss an, das durch Hermenpilaster gegliedert ist.

Erker am Nordwestflügel, entworfen von Maximilian Pasqualini

Loggia am Arkadenhof, 1558–1570, und neues Treppenhaus, 1994

Baumeister aller herzoglichen Lande

Maximilian Pasqualini gehörte zusammen mit seinem Bruder Johann im 16. Jahrhundert zu einer Baumeisterdynastie, die zahlreiche Burgen, Schlösser und Festungen am Niederrhein im Stil der Renaissance baute oder umbaute. Der in den Niederlanden geborene Maximilian ergänzte die Schwanenburg in Kleve, Johann entwarf die Festung Orsoy und vervollkommnete die Festungen in Wesel, Jülich und Düsseldorf. Den Ruhm der Familie begründete der aus Bologna stammende Vater der beiden, Alessandro Pasqualini, der die Festung Jülich entwarf und seit 1549 als „Baumeister aller herzoglichen Lande“ (Jülich-Berg und Kleve-Mark-Ravensberg) tätig war. Auch für die ersten Entwürfe zu Schloss Rheydt könnte Alessandro Pasqualini verantwortlich gewesen sein.

Von dem geplanten vierflügeligen Arkadenhof kamen nur zwei Flügel zur Ausführung. Über der mit acht Bögen weit geöffneten Loggia mit toskanischen Säulen im Erdgeschoss befindet sich ein geschlossenes Korridorgeschoss mit Pilastergliederung und plastischem Schmuck in den Wandfeldern. In der Mitte jedes Felds ist der Kopf eines berühmten Römers zu sehen, über und unter dessen Kopf in Rollwerkkartuschen seine Verdienste beschrieben sind und jeweils als Tugenden gedeutet werden. Die Ornamente sind vorwiegend aus niederländischen Renaissancemotiven unter anderem von Cornelis Floris komponiert.
Das vollkommen aus Stahl und Glas konstruierte Treppenhaus mit Fahrstuhl wurde nach 1994 angebaut und setzt sich deutlich vom Denkmalbestand ab.

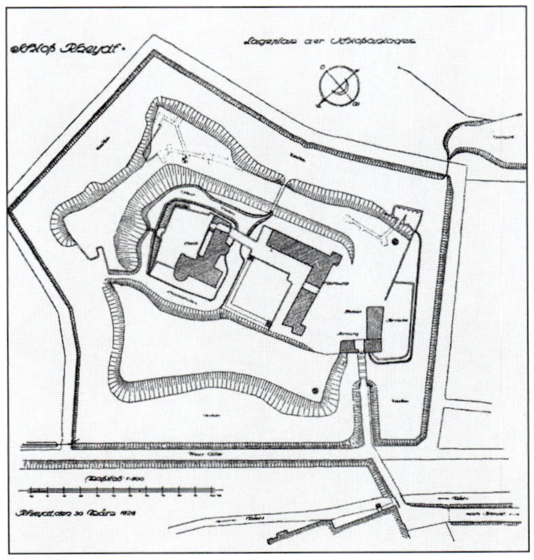

Lageplan 1928

Ein Raubritternest

Eine erste urkundliche Erwähnung der Burg Rheydt erfolgte im Güterverzeichnis des Erzbistums Köln um 1190 als Besitz der Herren von Heppendorf, die sie 1345 dem Grafen von Jülich als Lehen auftrugen. Nachfolgende Besitzer der Burg machten als Raubritter von sich reden. Über Gerhard II. von Heppendorf wurde deswegen 1443 die Reichsacht verhängt und wegen fortgesetzten Raubrittertums des Johann von Arendal-Well die Burg 1664 von vereinten Truppen im Auftrag Kölner und Lütticher Kaufleute zerstört, ihr Besitzer konnte fliehen. Der Besitz ging über seinen Schwiegersohn Wilhelm von Nesselrode an die Familie von Bylandt. Der Umbau der mittelalterlichen Burg in ein Renaissanceschloss erfolgte 1560 im Auftrag von Otto von Bylandt. 1590 wurde er in den Reichsfreiherrenstand erhoben. Nach Aussterben der Familie 1794 und mehrfachen Besitzerwechseln kam das Schloss 1917 in den Besitz der Stadt Rheydt, die darin ein Museum einrichtete.

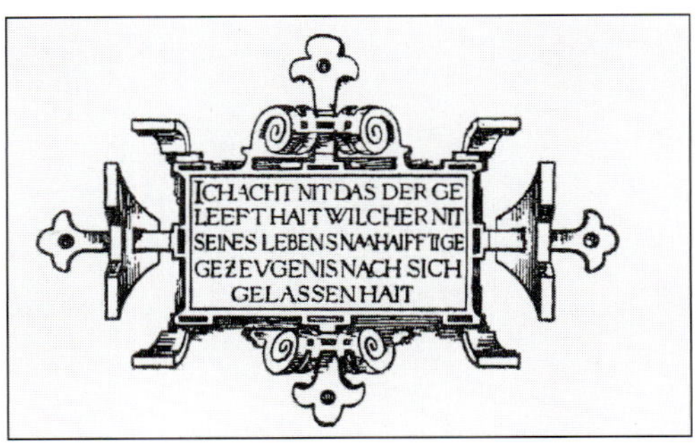

Kartusche oberhalb der Loggia

Informationen

Museum Schloss Rheydt, Schlossstraße 508, 41238 Mönchengladbach-Rheydt

Öffnungszeiten:
April–September: Di–So 11–19 Uhr
Oktober–März: Di–Sa 11–16 Uhr,
So 11–18 Uhr

Anfahrt: mit dem Auto über die A 61 bis zur Ausfahrt Rheydt, dann über die B 230. Mit Bussen der Linien 1 und 2 von Mönchengladbach aus nach Rheydt, dann Linie 16 nach Schloss Rheydt

Schloss Ringenberg in Hamminkeln

Das zweigeschossige barocke Schloss im niederländischen Baustil entstand zwischen 1648 und 1661 auf den Resten einer im Dreißigjährigen Krieg geschleiften Burg. Die unverputzten Backsteinbauten des Schlosses umschließen an drei Seiten einen kleinen Hof. An den äußeren Ecken wird die Anlage von Rundtürmen mit geschweiften Hauben flankiert. Die Türme stammen aus dem 14. Jahrhundert, ihre Dächer wurden beim Ausbau der Burg um 1660 ergänzt. In den inneren Ecken der Hofanlage sind den Seitenflügeln Risalite vorgelagert. Wie eine Art „negativer Risalit" wirkt ein schmaler, zurücktretender Mitteltrakt, der die beiden Winkelbauten im Südosten der hufeisenförmigen Anlage miteinander verbindet. In die um 1660 neu gebaute Schlossanlage wurden Teile der Burgruine integriert, u. a. die über zwei Meter starken grabenseitigen Außenwände.

Im Verlauf der Mauer, die den Hof nordwestlich begrenzt, sind die Fundamente der eingeschossigen Ecktürmchen zu erkennen, die sie an dieser Seite flankierten.

Die Kamine mit ihren eisernen Wetterfahnen ragen wie kleine Türmchen aus dem First heraus. Noch bis 1945 allseitig von Wasser umgeben, steht Schloss

Schloss Ringenberg, erbaut 1648–1661

Schloss Ringenberg von Nordwesten

Ringenberg heute auf dem Trockenen. Der nordöstliche Seitenflügel wurde nach schweren Zerstörungen im Zweiten Weltkrieg in Erinnerung an seine ehemalige Erscheinung wieder aufgebaut. Die Symmetrie der Anlage wurde dadurch wieder hergestellt.

Zwischen Münster und Kleve

Ein erstes festes Burghaus ließ Sueder von Dingden, Ministerialer des Bischofs von Münster, 1223 im sumpfigen Gelände des Isselbruchs an der Grenze der Territorien Münster und Kleve bauen. 1247 wurde es erstmals urkundlich erwähnt. Vier niederländische Familien legten 1329 das sumpfige Gelände trocken und erhielten dafür von Graf Dietrich von Kleve Land und stadtähnliche Privilegien, wie eine eigene Gerichtsbarkeit und Verwaltung. Gräben und Wälle dieser Kolonisierung bestimmen noch heute die Struktur des Dorfkerns von Hamminkeln. Von 1350 bis 1620 war Ringenberg Amtsburg des Herzogtums Kleve. Als klevisches Lehen wechselte die Burg häufig ihre Besitzer. Während des Dreißigjährigen Kriegs wurde sie 1635 vollständig zerstört. 1648 war sie „gäntzlich ruinirt und demolirt, auch gantz und gar zum Steinhaufen verfallen". (vgl. Wroblewski/Wemmers 2001, S. 122) Auf den Resten baute der niederländische Oberst Jacob von Spaen, der die Ruine als Mannlehen erhielt, mit seinen Brüdern Alexander und Bernhard I. nach 1648 das bis heute erhaltene Schloss auf. 1661 konnte es bezogen werden. Nach mehrfachen Besitzerwechseln – u. a. 1856 der Fürsten von Salm-Horstmar – kaufte es 1924 Clemens Graf von Plettenberg. Nach schweren Beschädigungen im Zweiten Weltkrieg waren umfangreiche Erhaltungsmaßnahmen nötig. Seit 1987 befindet sich das Schloss im Besitz der Stadt Hamminkeln, die dort seit 1994 das Standesamt untergebracht hat. Seit 1995 ist vorwiegend im Südflügel die Derik-Baegert-Gesellschaft aktiv.

Die Derik-Baegert-Gesellschaft

Der Galerist Bodo Bratke gründete 1968 die Derik-Baegert-Gesellschaft, benannt nach dem spätgotischen Weseler Maler Derik Baegert (1440–1515). Im Nordflügel des Schlosses Ringenberg sollte nach seiner Vorstellung ein Atelierzentrum für junge Künstlerinnen und Künstler entstehen. Das Atelierhaus wurde 1979 eröffnet. Nach einer umfassenden Instandsetzung durch die Stadt Hamminkeln nutzt die Derik-Baegert-Gesellschaft seit 1995 den Südflügel und Teile des Mittelbaus. In elf Ateliers mit Wohnungen haben Stipendiaten der Gesellschaft Gelegenheit, sich bildender Kunst und Musik zu widmen. Zum Atelierzentrum gehören 350 Quadratmeter Ausstellungsfläche. Die Ringenberger Schlosskonzerte im Frühjahr und Herbst und die Sommerakademie sind so genannter „Alter Musik" aus dem 17. und 18. Jahrhundert gewidmet.

Informationen

Schloss Ringenberg, Schlossstraße, 46499 Hamminkeln

Anfahrt: mit dem Auto über die A 3 bis zur Ausfahrt Hamminkeln, dann über die B 473. Mit dem Bus 421 vom Bahnhof Hamminkeln aus ist das Schloss Ringenberg erreichbar.

Von Neid und Neugier

Von Neidern umgeben und nahe der Verzweiflung saß Beatrix, die junge Witwe und Erbin der Klever Burg, am Fenster und schaute mit Tränen in die Fluten des Rheins. Da kam ein Schwan geschwommen, der an einer goldenen Kette ein Schiffchen zog. Darin saß ein schöner Jüngling, der hieß Lohengrin. Er versprach, das Land von seinen Feinden zu befreien, was er auch tat, und sein Lohn, die schöne Beatrix, wurde ihm zuteil. Zur Heirat stellte nun aber er eine Bedingung und die war, sie solle nie danach fragen, woher er komme, sonst würde sie ihn nicht wiedersehen. Kein Mensch weiß, was das zu bedeuten hatte. Sie hatten drei Söhne und lebten glücklich und zufrieden. Dann aber hielt es Beatrix nicht mehr aus und sie fragte ihren Gemahl nach seiner Herkunft. Und „schwupp", weg war er und sie sah ihn nie wieder. Und die Moral von der Geschicht'? Rettung naht oft unverhofft, aber wer kein Geheimnis bewahren kann, der muss eben sehen, wo er bleibt. Die Sage vom Schwanenritter Lohengrin stammt aus Brabant und gelangte über verwandtschaftliche Beziehungen der Herzöge nach Kleve. Sie nahmen für sich in Anspruch, Erben dieses sagenhaften Ritters zu sein.

Jan de Beijer, Ansicht vom Kermisdahl, 1745

Schwanenburg in Kleve

Schwanenburg" heißt die Klever Burg erst seit der Zeit der Romantik im späten 19. Jahrhundert. Nur ihr Bergfried, den seit 1455 ein Schwan ziert, hieß zuvor schon „Schwanenturm", die gesamte Burg dagegen „Het Slot van Cleef". Sie ist eine der wenigen Höhenburgen am Niederrhein. Die steile Klippe, auf der sie erbaut wurde, gab über das niederdeutsche Wort Clive (= Kliff) Kleve seinen Namen. An dieser Klippe fällt ein Höhenzug, der Hartenberg, an drei Seiten um etwa 40 Meter steil zum Altrheinarm Kermisdahl ab. Die Burg ist bis an den Rand dieser Klippe vorgeschoben, während die zur Stadtseite gelegenen Gebäude im Halbkreis angelegt sind. Dieser Grundriss geht auf die Burg zurück, die hier im 11./12. Jahrhundert stand. Der Binnenhof ist durch einen Querbau in zwei Teile geteilt. Der nördliche wird durch den Schwanenturm dominiert, der südliche durch den niedrigeren Spiegelturm. Durch einen Zugang im Querbau mit vier Kreuzgratgewölben gelangt man in den fünfeckigen nördlichen Hof, der an drei Seiten von einem Arkadengang mit darüber liegendem Geschoss umgeben ist. Die Arkaden-Bauteile im Renaissancestil (1663–1666) wurden vor die mittelalterlichen Bauten gesetzt und verkleinern dadurch den Innenhof. Ähnliche Arkaden wurden zur selben Zeit vor die Innenwand des Westflügels im südlichen Innenhof gebaut. Im Burghof befindet sich ein Brunnen mit dem Wappentier der Klever Herzöge, dem Schwan. Er wurde von Alfred Sabisch entworfen. Im 19. Jahrhundert wurde dem Spiegelturm an seiner Ostseite ein Treppenturm vorgesetzt. Zwischen Spiegelturm und ehemaligem Burgtor befindet sich die Alte Kanzlei, erbaut 1463.

Der Schwanenturm ist aus Tuffstein mit Eckquadern aus Trachyt gemauert. Auf einem Spitzbogenfries kragt in Höhe des siebten Geschosses der überdachte

Die Schwanenburg, „Het Slot van Cleef"

Symbol der Schwanenburg

Rekonstruktionszeichnung von Bodo Ebhardt, 1925

Wehrgang aus. Darüber setzen eingerückt weitere zwei Geschosse an und nochmals ein überdachter Wehrgang auf einem Spitzbogenfries mit Eckwarten. Das spitze Turmdach endet in einer Laterne. Zwei Portale im nördlichen Innenhof sind aus Spolien mit ornamentalem Rankenwerk des 1771 abgebrochenen staufischen Palas (vor 1260) zusammengesetzt.

Italienische und niederländische Baumeister

Erstmals wurde der steile Burgberg in Kleve um 900 bebaut. Der spätromanische Palas, unter Graf Dietrich VI. (1202–1260) gebaut, wurde 1771 abgerissen. Der 1417 in den Herzogstand erhobene Graf Adolf (1394–1448) ließ 1429 auf den Grundmauern eines eingestürzten romanischen Turms von Johan Wyrenbergh aus Kleve den Spiegelturm neu errichten, 1440 bis 1453, ebenfalls auf romanischen Resten, den Schwanenturm. Sein Gegenstück im Süden, der Johannisturm, wurde 1785 abgebrochen.

Die Wirtschaftsgebäude im südlichen Teil der Burg, 1560 erbaut nach Plänen von Maximilian und Johann Pasqualini, wurden 1816 abgebrochen. Die heute erhaltenen Bauteile, auch die Arkadengänge der beiden Innenhöfe, erhielten ihre Form weitgehend bei einem Umbau in den Jahren 1663 bis 1666 nach Plänen des niederländischen Architekten Pieter Post. Bei der fast vollständigen Zerstörung der Innenstadt von Kleve im Zweiten Weltkrieg wurde die Burg bis auf das oberste Geschoss des Schwanenturms verschont. Das Turmgeschoss wurde unmittelbar nach dem Krieg wieder ergänzt. Seit 1828 sind in der Schwanenburg Behörden untergebracht, heute das Landgericht und die Justizverwaltung.

Keine kaiserliche Unterstützung

Eine Falschmeldung in der Berliner Zeitung „Tag – Berliner Lokal Anzeiger“ am 10. Januar 1910 führte zu etlichen weiteren Falschmeldungen über eine angebliche kaiserliche Unterstützung zur Restaurierung der Schwanenburg. Der „Niederlausitzer Generalanzeiger Cottbus“ meldete am 14. Januar sogar: „An die Wiederherstellung der Marienburg, der Saalburg, der Hohkönigsburg reiht sich der neueste Plan des Kaisers würdig an. Eine der herrlichsten Sagen Deutschlands, die vom Gralsritter Lohengrin, ist unzertrennlich mit der an den Ufern der Schelde erbauten Schwanenburg verknüpft.“ Der Kaiser dagegen dachte gar nicht daran, die Restaurierung der Burg zu unterstützen.

Wagners Lohengrin

Franz Liszt wagte 1850 die Uraufführung der romantischen Oper Lohengrin in Weimar, während Richard Wagner, ihr Komponist und Librettist, als steckbrieflich gesuchter Barrikadenkämpfer in der Schweiz politisches Asyl genoss, ohne dass „Rettung“ in Aussicht war, wie es der Chor der Männer in „Lohengrin“ besingt:

Seht! Seht! Welch ein seltsam Wunder!
Wie? Ein Schwan?
Ein Schwan zieht einen Nachen dort heran!
Ein Ritter drin hoch aufgerichtet steht!
Wie glänzt sein Waffenschmuck! Das Aug' vergeht vor solchem Glanz! Seht, näher kommt er schon heran! An einer goldnen Kette zieht der Schwan!
Ein Wunder! Ein Wunder! Ein Wunder ist gekommen, ein unerhörtes, nie gesehnes Wunder! Ein Wunder! Ein Wunder! usw.

Lohengrin steigt darauf aus seinem Nachen, neigt sich zum Schwan und singt die berühmten Verse:

Nun sei bedankt, mein lieber Schwan!
Zieh durch die weite Flut zurück,
dahin, woher mich trug dein Kahn,
kehr wieder nur zu unsrem Glück!
Drum sei getreu dein Dienst getan!
Leb wohl, leb wohl, mein lieber Schwan!

Wilhelm von Kaulbach, Des Schwanenritters Abschied

Informationen

Schwanenburg, Schlossstraße,
47533 Kleve
Die Schwanenburg befindet sich im Stadtzentrum.

Besichtigung des Schwanenturms: April bis Oktober täglich 11–17 Uhr, im Winter nur Sa–So 11–17 Uhr

Anfahrt: mit dem Auto über die A 57 bis zur Ausfahrt Goch, dann über die B 9 nach Kleve, oder über die A 3 bis zur Ausfahrt Emmerich und über die B 220 nach Kleve

Haus Voerde in Voerde

Als Lehen der Abtei Werden wurde Haus Voerde im 12. Jahrhundert gegründet. Wahrscheinlich wegen seiner relativ weiten Entfernung vom Kloster wandelte man den Wirtschaftshof in ein Lehen um. Der Name bezieht sich auf eine Furt durch einen Altrheinarm, an dem das Haus liegt. 1596 von den Spaniern und im Dreißigjährigen Krieg weitgehend zerstört, entstand das heutige, von barocken Bauvorstellungen geprägte Gebäude 1668 im Auftrag von Kaspar von Syberg. Der Umbau ist durch Maueranker am Westturm datiert. Ein zweiter Eckturm aus dieser Ausbauphase ist nicht erhalten. In den Kellern wurden flache Kreuzgratgewölbe eingezogen, die Dachstühle erneuert. An der Hofseite entstanden zwei Seitenflügel mit Giebeln. Beide bilden heute den südlichen

Turm an der Ostecke des Hauses, erbaut im 16. Jahrhundert, aufgestockt 1668

Haus Voerde, 1668 erbaut im Auftrag von Kaspar Syberg

Teil des Haupthauses. Das zweigeschossige verputzte Backsteingebäude wurde nach 1809 im Auftrag des Freiherrn zu Wittenhorst-Sonsfeld nochmals dem spätklassizistischen Geschmack der Zeit angepasst und vereinheitlicht. Die drei mittleren Fensterachsen der Hauptfassade sind seitdem durch bossierte Steine in der Art eines Risalits und einen Giebel betont. Die barocken Giebel der Seitenflügel wurden gleichzeitig entfernt. Zum schlichten Portal führt eine geschwungene Freitreppe. Heute trägt das Gebäude ein Walmdach, unter dem die einzelnen Gebäudeteile zusammengefasst sind. Der Turm an der östlichen Ecke stammt aus dem 16. Jahrhundert und wurde 1668 um ein halbes Geschoss erhöht, das über die Traufe des Hauses hinausragt. Er trägt seitdem eine geschweifte Haube mit Laterne.
Die dem Herrenhaus im Westen vorgelagerte Vorburg, deren Fundamente bei Erdarbeiten 1983 zutage traten, ist nicht erhalten. Möglicherweise handelte es sich dabei um die Bauten der Gründungsanlage aus dem 12. Jahrhundert.

Ein Lehen der Abtei Werden

Das sicher schon vor 1200 bestehende Haus wurde 1344 erstmals erwähnt, als die Abtei Werden den im klevischen Dienst stehenden Johann von Loete mit dem Besitz belehnte. 1477 überließ Jordan von Loete es seinem Schwager, der es 1486 wiederum seinem Bruder Jakob von der Kapellen übertrug. Als Amtmann von Loo und Rentmeister des Amtes Dinslaken war Jakob von der Kapellen im Herzogtum Kleve sowohl wohlhabend als auch einflussreich. Nach den Herren von Kappelen kam Haus Voerde von 1563 bis 1770 durch Erbschaft in den Besitz der Herren von Syberg. 1770 eröffnete der preußische Staat nach dem Tod des letzten Herrn von Syberg auf Haus Voerde (1764) ein Konkursverfahren, der Besitz wurde daraufhin aufgelöst. Freiherr zu Wittenhorst-Sonsfeld kaufte das Gebäude 1809. Ab 1941 gehörte das Anwesen dem Kreis Dinslaken, der das kriegsbeschädigte Haus 1950 der Gemeinde Voerde schenkte. Bis 1966 wurde es instand gesetzt. Heute sind darin das Standesamt und ein Restaurant untergebracht.

Haus Voerde um 1970

Heiraten im feudalen Ambiente

Brautpaaren wird in Voerde die Gelegenheit gegeben, ihre Ehe im feudalen Ambiente des alten Herrenhauses zu schließen. Sie haben außerdem die Gelegenheit, an ihrem Hochzeitstag einen Baum zu pflanzen, um das Ereignis in besonderer Erinnerung zu halten. Von Haus Voerde ausgehend wurde ein „Hochzeitsweg“ angelegt. Links und rechts dieses Weges sollen Bäume gepflanzt und der Weg damit zu einer Allee werden: Baumhasel, Japanische Blütenkirsche und Eberesche sind für diese Bepflanzung vorgesehen. Zweimal jährlich, jeweils zur Pflanzzeit im April und November, können die Brautpaare bei einem gemeinschaftlichen Pflanztermin ihren Baum pflanzen.

Eheschließung im feudalen Ambiente

Informationen

Haus Voerde, Allee 65, 46562 Voerde

Anfahrt: mit dem Auto über die A 3 bis zur Ausfahrt Hünxe, dann Richtung Voerde. Mit den Buslinien 16, 81, 918 bis zur Haltestelle Schulzentrum Voerde-Süd

Kurze Adelsblüte

Lange konnte sich die Familie von Quadt nicht an ihrem neuen Schloss erfreuen. Aus ihrem 1772 fertig gestellten Bau vertrieben französische Truppen die Familie 1794. Das Schloss ging in französisches Staatseigentum über. Nach Übernahme der Anlage durch Preußen wurde das gerade 87 Jahre alte Hauptschloss 1859 abgerissen. Allein die Vorburg hat aber noch Ausmaße, die als eigenständiges Schloss wirken.

Schloss Wickrath
in Mönchengladbach-Wickrath

Schloss Wickrath liegt im Südosten des Mönchengladbacher Stadtteils Wickrath mitten in einem weitläufig angelegten, 19 Hektar großen Park auf zwei künstlichen Inseln in den Niederungen der Niers. Schon im frühen Mittelalter, 1104/05, wird eine Burg urkundlich erwähnt und gehört damit zu den wenigen zu dieser Zeit schon sicher existierenden festen Adelssitzen am Niederrhein. Beim heutigen Schloss handelt es sich um die Reste einer Anlage, die ab 1746 an der Stelle der mittelalterlichen Burg gebaut wurde. Baumeister war vermutlich der aus Maastricht stammende Mathieu Soiron und nicht Johann Joseph Couven aus Aachen, wie lange Zeit angenommen wurde.

Südlich der Vorburg befand sich bis 1859 das viergeschossige Haupthaus mit einem dreiachsigen Mittelrisalit und zwei angedeuteten Seitenflügeln in gleicher Höhe. Der Mittelrisalit war durch ein geschweiftes Giebelfeld und eine Laterne betont. Wegen Baufälligkeit wurde das Schloss unter preußischer Verwaltung abgebrochen und 1875/76 durch ein Wohnhaus für den Direktor des in der Vorburg eingerichteten Gestüts ersetzt. Heute befindet sich in diesem Haus ein Restaurant.

Die Vorburg entstand in der zweiten Hälfte des 18. Jahrhunderts. Sie besteht aus zwei symmetrisch einander zugeordneten Flügeln aus je einem zweigeschossigen Mittelbau mit zentralem Pavillon mit zwei Querflügeln. Die Gebäude waren auf das heute nicht mehr vorhandene Hauptgebäude hin ausgerichtet. Die Vorburg dient bis heute als Gestüt. Die östlichen Nebengebäude wurden 1883/84 nach einem Brand erneuert. Die Mittelbauten haben vor ihren Mansarddächern einander

Vorburg des Schlosses Wickrath

Wasserspiel vor Schloss Wickrath

Pferdezentrum

Von 1892 bis 1911 wurde das Rheinische Pferdestammbuch auf Schloss Wickrath geführt. Bis 1957 war das Landesgestüt Warendorf, das 1826 als „Königlich-Preußisch-Rheinisch-Westfälisches Landgestüt" gegründet worden war, hier untergebracht. Seit 2002 nun ist das „Rheinische Pferdestammbuch" nach Schloss Wickrath zurückgekehrt. In ihm werden 8000 Zuchtpferde aus 50 verschiedenen Rassen geführt. Das „Pferdezentrum Schloss Wickrath" bietet Aus- und Fortbildung von Züchtern und Reitveranstaltungen an.

zugewandte geschweifte Giebelfelder mit Reliefs aus Kalkstein. Das des östlichen Trakts (1883/84) zeigt einen pflügenden Bauer mit Ochsengespann. Der Wagen der Göttin Ceres, der darüber zu sehen ist, wird von zwei Drachen gezogen. Am gegenüberliegenden Gebäude (Mitte 18. Jahrhundert) ist im Giebelfeld Apollo in Begleitung von Trionen zu sehen, dessen Sonnenwagen von vier Pferden durch die Fluten gezogen wird. Das Schloss ist Eigentum der Stadt Mönchengladbach.

Zentralpavillon der Vorburg

Preußische Kavalleriekaserne und Gestüt

Erste urkundliche Nachrichten über die Herren von Wickrath stammen aus dem Jahr 1068, eine Burg in Wickrath, das „Castrum Wichinrod", wurde erstmals 1104/05 in der Vita des Kölner Erzbischofs Anno II. genannt. Als geldrisches Lehen, allerdings außerhalb des geldrischen Gebiets, war sie 1310 im Besitz von Wilhelm von Millen. 1338 übertrugen Graf Reinald von Geldern und seine Frau das Lehen an den Ritter Wilhelm von Broekhuysen. 1488 wurde die Herrschaft unter Heinrich von Hompesch reichsunmittelbar. Heinrich heiratete um 1500 die Witwe von Quadt. Otto von Quadt ließ von 1746 bis 1772 anstelle der abgebrannten Burg ein barockes Schloss erbauen. Nach Vertreibung der Schlossherren 1794 fiel die Anlage zunächst an den französischen Staat, 1816 an Preußen. In der Vorburg wurde 1818 eine Kavalleriekaserne eingerichtet, die man aber schon 1834 wieder auflöste und 1839 durch ein Gestüt ersetzte. Der Abriss des Herrenhauses wegen Baufälligkeit erfolgte 1859. Nach erheblichen Zerstörungen im Zweiten Weltkrieg wurde die Vorburg wieder hergestellt. Die Wirtschaftsgebäude beherbergten bis 1957 das Landesgestüt und seitdem ein Reitzentrum. 1995 wurde die östliche Vorburg saniert und zu Wohnungen ausgebaut. 2002 war der Wickrather Schlosspark teil der dezentralen Landesgartenschau. Die barocke Gartenanlage wurde in diesem Zusammenhang rekonstruiert.

Schloss Wickrath vor 1859, Zeichnung von Paul Clemen nach einem Foto

Informationen

Schloss Wickrath, Hochstadenstraße, 41189 Mönchengladbach-Wickrath

Öffnungszeiten des Vogelkundlichen Museums im Schloss Wickrath:
Di–So 11–16 Uhr

Anfahrt: mit dem Auto über die A 61 bis zur Ausfahrt Mönchengladbach-Wickrath.
Mit Bussen der Linien 6 und 16 von Mönchengladbach aus bis zur Haltestelle Schloss Wickrath

Kein Schutz – doch Schutz

Graf Adolf von Kleve muss wohl einen Fehler gemacht haben, als er am 28. Januar 1372 das Kirchspiel Weeze seinem Schutz unterstellte, ihm Sicherheit und Frieden verbürgte, von diesem Schutz aber das zum Kirchspiel gehörende Haus des Heinrich von Straeten, „heren Henrix hues end Guede van der Straten“, nämlich die Burg Wissen, ausschloss. Im selben Jahr noch nahm er das „Hues to Wischen myt den dycke end myt deen voerborchte“ unter seinen besonderen Schutz und verpflichtete sich damit von Straeten, den er sonst möglicherweise als Feind gehabt hätte.

Schloss Wissen in Weeze

Schloss Wissen liegt in einer landschaftlich reizvollen Parkanlage südlich des Orts Weeze am linken Ufer der Niers. Es ist von einem etwa einen Meter tiefen Graben und einer starken Mauer umgeben.
Ältester Teil der Anlage ist die zweigeschossige dreiflügelige Vorburg aus Backstein mit einem kräftigen Turm an ihrer Nordwestecke aus der ersten Bauperiode der Burg im 14. Jahrhundert. Die Vorburg wurde 1904/05 im Auftrag von Kaspar Freiherr von Loë nach einem Entwurf von Hermann Schaedtler im neugotischen Stil umgebaut. Der westliche Flügel wurde dabei auf der Giebelseite und an der Hofseite neu gestaltet.
Das Herrenhaus selbst wurde im 14. Jahrhundert gebaut und in der Mitte des 16. Jahrhunderts im Stil der Renaissance verändert. Sein ältester Teil ist der rechteckige Südflügel mit einem im Sockelbereich über 2 Meter starken Mauerwerk. Die im 15. Jahrhundert zu einer Vierflügelanlage erweiterte Burg erhielt um 1550 Treppengiebel, runde Eckerkertürmchen und Erkeranbauten im Renaissancestil. Aus dieser Ausbauphase sind Fragmente eines Kamins aus der Werkstatt des Kalkarer Bildhauers Arnt van Tricht erhalten. Um 1770 wurde die Anlage klassizistisch verändert. Alle Bauelemente aus dem 16. Jahrhundert wurden dabei entfernt. Durch Abriss des großen Turms, von Türmchen und Giebeln verlor der Bau seine malerische Erscheinung. Das Haus wurde verputzt und mit einem Mansarddach gedeckt. Ab 1870 wurde das Hauptgebäude nochmals umge-

Das 1969–1973 zurückrestaurierte Schloss Wissen

Schloss Wissen im 17. Jahrhundert

staltet, diesmal nach einem Entwurf von Vincenz Statz im neugotischen Stil wieder mit Satteldächern und Treppengiebeln. Statz ließ zur Herstellung eines eher „mittelalterlichen“ Erscheinungsbilds den Putz wieder entfernen, neue, unterschiedlich hohe Satteldächer aufsetzen, wodurch das gesamte Schloss eine malerische Erscheinung erhalten sollte. Nur an der 1876–1878 neu gebauten Schlosskapelle ist dieser Umbau noch zu erkennen. Die Kapelle ist mit Gemälden von Eduard von Steinle ausgemalt, die Glasgemälde stammen aus der Werkstatt von J. H. Hardman in Birmingham. Von 1969 bis 1973 wurden alle anderen neugotischen Veränderungen außer an der Kapelle „zurückrestauriert“, die neugotischen Giebel entfernt, ein zusätzliches Geschoss mit halbhohen Fenstern aufgesetzt und das ganze Gebäude mit einem neuen Walmdach gedeckt. Der gesamte Nordostflügel mit seinem Erker über der Niers und der nördliche Trakt mit der Tordurchfahrt wurden ohne Not abgebrochen. Der Bauherr beabsichtigte nach den Umbauten des Renaissanceschlosses im 18. und 19. Jahrhundert, „das spätere Beiwerk zu beseitigen und die wertvollsten Innenräume zu erhalten“.

Eine Burg als Hochzeitsgeschenk

Ein befestigtes Haus in Wissen wurde erstmals 1316 genannt. Graf Adolf von Kleve nahm Wissen 1372 unter seinen besonderen Schutz. Dabei wurde ausdrücklich die Vorburg genannt. Im selben Jahr erschienen die Herren von der Straeten erstmals als Besitzer der Burg. Sie besaßen das Haus, die Vorburg und die Mühle als Lehen des Propstes von Xanten. Mehrfach stellten sie den Amtmann im geldrischen Amtsbezirk Goch. 1461 kaufte Johann van den Loë die Burg als Hochzeitsgeschenk für seinen Sohn Wessel van den Loë und seine Frau Lyssbeth van Beerenbroek. Wessel wurde 1473 erster klevischer Amtmann in Goch. Seitdem war Schloss Wissen im Besitz der Familie von Loë, die 1629 in den Freiherren- und 1808 in den Grafenstand erhoben wurde. Das Herrenhaus wurde 1506 ausgebaut, 1641 von hessischen Truppen geplündert. Nach mehrfachen Umbauten im 18. und 19. Jahrhundert fanden im Hauptschloss zuletzt bis 1973 erhebliche bauliche Veränderungen statt.

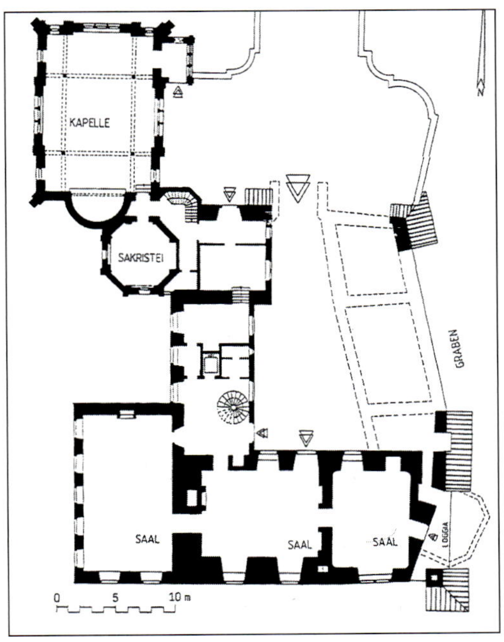

Grundriss

Der Historienmaler

(Jakob) Eduard von Steinle (1810–1886) hielt lockeren Kontakt mit den so genannten „Deutschrömern“ Overbeck und Cornelius. Sein erster großer Auftrag war die Ausmalung der Kapelle der Burg Rheineck, ein weiterer seine Mitarbeit an der Ausmalung des Kaisersaals im Frankfurter Römer, wo er die Bilder der deutschen Kaiser Albert I. und Ferdinand III. malte. Ab 1850 war er Professor für Historienmalerei am Städelschen Kunstinstitut in Frankfurt. Wie sein Freund Moritz von Schwind zählt Steinle zur „romantischen Schule“. Er profilierte sich besonders als Madonnenmaler, indem er mehr als hundert religiöse Bilder malte und zahlreiche Kartons für Kirchenfenster anfertigte. Im Rheinland galt Steinle als „der“ große Meister der Freskomalerei. Freskenzyklen entstanden im Schloss von Klein-Heubach und in der Kirche St. Ägidius in Münster. Im Kölner Dom malte er die Gruppen von Engeln im Chor. Die Detailfreude Steinles wurde in späterer Zeit häufig negativ empfunden. Zu seinen bekanntesten Arbeiten zählt eine dramatische Darstellung der personifizierten „Lorelei“ und Bilder zur Geschichte Parsifals.

Informationen

Schloss Wissen, Loë'sche Verwaltung, Schlossallee 26, 47652 Weeze

Die Besichtigung der Schlosskapelle ist nach Anmeldung im Verkehrsamt Weeze möglich.

Anfahrt: mit dem Auto über die A 57 bis zur Ausfahrt Goch, dann über die B 9 Richtung Weeze-Kevelaer

Literaturhinweise

Georg Dehio: Handbuch der Deutschen Kunstdenkmäler. Nordrhein-Westfalen, I. Rheinland, bearbeitet von Ruth Schmitz-Ehmke, München 1977

Willehad Paul Eckert: Der Niederrhein. Das Land und seine Städte, Burgen und Kirchen, Köln 1978

Stefan Frankewitz: Burgen, Schlösser, Herrenhäuser an den Ufern der Niers, Kleve 1997

Bernhard Gondorf und Werner Otto: Burgen und Schlösser. Höhepunkte niederrheinischer Baukunst, Duisburg 1991

Roland Günter: Kunstwanderungen Rheinland, Stuttgart/Zürich 1979

Karl Emerich Krämer: Von Burg zu Burg am Niederrhein, Duisburg 1982

Wolfgang Krüger: Die deutschen Burgen & Schlösser, Frankfurt a. M. 1987

Gregor Spohr: Wie schön, hier zu verträumen. Schlösser am Niederrhein, Essen 2001

Jens Wroblewski und André Wemmers: Theiss Burgenführer Niederrhein, Stuttgart 2001